“十四五”时期国家重点出版物出版专项规划项目
中国减贫方案与全球贫困治理丛书

中国社会组织反贫困的国际合作与话语传播

孔海娥 著

華東理工大學出版社
EAST CHINA UNIVERSITY OF SCIENCE AND TECHNOLOGY PRESS
·上海·

图书在版编目(CIP)数据

中国社会组织反贫困的国际合作与话语传播 / 孔海娥著. -- 上海 ：华东理工大学出版社，2024. 12.

ISBN 978-7-5628-7090-6

Ⅰ. F126；C916.1

中国国家版本馆 CIP 数据核字第 2024HN8799 号

内容简介

在全球化浪潮汹涌澎湃的今天，贫困问题依然是困扰全世界的一大难题。在这一背景下，独立、灵活的社会组织在全球贫困治理的舞台上发挥着不可或缺的作用。它们不仅专注于解决具体的贫困问题，更肩负着传播本国价值观念和展现国家形象的重要使命。社会组织是传播反贫困经验话语的重要主体，话语传播的过程也有利于社会组织更有效地参与国际合作。本书追溯了中国社会组织在国际反贫困合作与话语传播中的历史轨迹，深入探讨了中国社会组织参与国际反贫困合作与话语传播的现状、存在的问题以及面临的挑战。同时，对中国社会组织构建反贫困话语体系、传播机制及路径进行了前瞻性、建设性的分析。

策划编辑 / 刘　军　藕　园
责任编辑 / 章斯纯
责任校对 / 张　云
装帧设计 / 肖祥德
出版发行 / 华东理工大学出版社有限公司
地址：上海市梅陇路 130 号，200237
电话：021-64250306
网址：www.ecustpress.cn
邮箱：zongbianban@ecustpress.cn
印　　刷 / 徐州绪权印刷有限公司
开　　本 / 710 mm×1000 mm　1/16
印　　张 / 14.25
字　　数 / 176 千字
版　　次 / 2024 年 12 月第 1 版
印　　次 / 2024 年 12 月第 1 次
定　　价 / 88.00 元

丛书总序

中共中央总书记习近平在庆祝中国共产党成立100周年大会上庄严宣告,我们实现了第一个百年奋斗目标,在中华大地上全面建成了小康社会,历史性地解决了绝对贫困问题,正在意气风发向着全面建成社会主义现代化强国的第二个百年奋斗目标迈进。建党一百多年来,中国共产党为了带领全国人民摆脱贫困、过上美好生活,在新民主主义革命时期、社会主义革命和建设时期、改革开放时期等阶段进行了不懈的努力和探索。中国共产党第十八次全国代表大会(以下简称“党的十八大”)以来,中国特色社会主义进入新时代。在中共中央总书记习近平的亲自指挥和习近平扶贫重要论述的指引下,中国脱贫攻坚取得举世瞩目的成就,创造了人类发展史上的中国奇迹,极大地丰富和发展了中国特色减贫理论与实践。中国特色减贫道路更加坚定了全球共建一个没有贫困、共同发展的人类命运共同体的决心和信心,有力地促进了马克思主义反贫困理论中国化发展和全球贫困治理理论的创新。

国务院新闻办公室发布的《人类减贫的中国实践》白皮书,从五个方面真实记录了中国消除绝对贫困的伟大历程,全面介绍了人类减贫的中国探索和实践,深入分享了中国扶贫与脱贫的经验做法,生动展现了中国坚持以人民为中心、让人民过上好日子的坚定信念和务实行动，充分彰显了中国积极参与全球贫困治理、为建设更加美好的世界作出更大贡献的责任担当。

2021年5月31日，中共中央政治局就加强我国国际传播能力建设进行第三十次集体学习，习近平总书记在主持学习时强调，讲好中国故事，传播好中国声音，展示真实、立体、全面的中国，是加强我国国际传播能力建设的重要任务。要深刻认识新形势下加强和改进国际传播工作的重要性和必要性，下大气力加强国际传播能力建设，形成同我国综合国力和国际地位相匹配的国际话语权，为我国改革发展稳定营造有利外部舆论环境，为推动构建人类命运共同体作出积极贡献。

中国成为全球最早实现联合国千年发展目标中减贫目标的发展中国家。中国选择的道路、提供的方案、倡导的价值，不仅使自身的脱贫事业取得了举世瞩目的成就，而且在国际减贫交流与合作中助力其他国家加快了减贫步伐，为世界减贫事业作出了卓越贡献。中国是联合国2030年可持续发展目标的主要倡导者，减贫和共享发展理念的坚定践行者，以及构建人类命运共同体的核心推动者，在致力于消除自身贫困的同时，积极同联合国、世界银行及广大发展中国家进行减贫交流与合作，为其他国家的贫困治理贡献中国力量。因此，中国特色的反贫困经验到了需要内集聚和外输出的重要关口。

讲好中国减贫探索和实践的世界意义、讲好中国减贫经验和故事是时代赋予中国的重要使命。真实客观、生动系统地讲述中国减贫有助于在展示和提升中国负责任大国形象的同时，让世界更加全面和深刻地了解中国减贫实践，增强其他国家实现消除贫困和不平等、推进可持续发展目标的信心。中国减贫理念、中国减贫智慧、中国减贫故事，充分体现了中国对人类贫困问题的思考、对贫困治理的设计，能够更好地助力世界减贫与发展，为构建人类命运共同体贡献中国力量。

本丛书从世界反贫困进程中的中国方案入手，全面阐述了中国特色的反贫困理论体系和实践经验。话语体系建构和理念路径选择成为中国反贫困经验国际传播的具体实现形式，中国与“一带一路”沿线国家、与南南合作国家、中国社会组织反贫困国际合作等则作为典型案例。本丛书既有本土经验，又有国际视野；既包含社会学视角的理论和实践研究，又包含传播学的理念和路径探索。因此，本丛书兼具学理性和传播性，既可以作为国内外一线贫困治理的指导性读本，又可以作为展示中国反贫困经验的宣教读本，为本领域的研究人员和实务工作者提供了全面、翔实的科研和工作参考。

第一，本丛书深刻阐释了当代中国反贫困经验的世界意义。当代中国减贫理念是在中国历史文化积淀的基础上，在中国扶贫实践中逐步形成的，对当代世界的减贫与发展具有独特意义，是讲好中国减贫经验和故事的重要精神内核。如丛书中的《世界反贫困的中国方案》一书从中国反贫困的背景意义、发展历程、制度优势、政府主导、社会参与、精准方略等角度出发，立足中国国情，把握减贫规律，构建了一整套行之有效的政策体系、工作体系、制度体系，走出了一条中国特色的减贫道路，形成了中国特色反贫困理论，这是我国反贫困的制胜法宝。

第二，本丛书助推加快构建中国反贫困国际话语和叙事体系。我们要在国际舆论场上努力形成中国表达、中国语意，真实地传播减贫理念和智慧，就需要积极展开多渠道、多形式的对外传播，加强分层设计，做好量体裁衣；用中国理论阐释中国实践，用中国实践升华中国理论，打造融通中外的新概念、新范畴、新表述，更加充分、鲜明地展现中国故事及其背后的思想力量和精神力量，使中国减贫的声音传得更准、更快、更远、更响。

第三,本丛书展现了中国反贫困的国际交流与合作。中国以构建人类命运共同体的责任担当积极为世界减贫事业贡献中国方案,早在2005年就成立了中国国际减贫中心,旨在为世界消除贫困事业作出贡献。中国建立了“中非合作论坛”“中国—东盟社会发展与减贫论坛”,成立了“中国国际发展知识中心”等,还先后提出“设立南南合作援助基金和南南合作与发展学院”“建立以合作共赢为核心的新型国际减贫交流合作关系”“着力实现多元自主可持续发展”等一系列国际减贫合作新机制。

第四,本丛书助力我国全面提升国际传播效能,促进高校的学科建设和后备人才培养。中国的减贫探索和实践在不断取得成效的同时,为反贫困理论创新提供了契机,进一步推动了国际反贫困理论的丰富与发展,为我国带来了新的学科研究方向。贫困问题是经济、政治、文化、生态等多领域问题的交叉体现,多维度的研究内容为此领域的研究者提供了丰富的研究素材和源源不断的研究动力。例如,本丛书中基于国际合作的典型案例——中国与“一带一路”沿线国家、中国与南南合作国家、中国社会组织反贫困经验等,提供了不同语境、环境背景下的贫困治理研究,为此领域的研究者带来了新的研究理论、实践方法和技术手段。中共中央总书记习近平强调,要全面提升国际传播效能,就需要建设适应新时代国际传播需要的专门人才队伍。我国要加强国际传播的理论研究,掌握国际传播的规律,构建对外话语体系,提高传播艺术;要采用贴近不同区域、不同国家、不同群体受众的精准传播方式,推进中国故事和中国声音的全球化表达、区域化表达、分众化表达,增强国际传播的亲和力和实效性。因此,本丛书也能助力培养适应新时代国际传播需要的专门人才队伍。

向德平

前言

贫困是人类社会面临的一大难题,摆脱贫困是全球各国人民的共同梦想。作为世界上最大的发展中国家,中国面临着由历史、自然条件等多重因素引发的贫困问题,贫困程度和规模在世界上都较为罕见,贫困治理的难度极大。中华人民共和国成立以来,中国政府带领全国人民与贫困展开了不屈不挠的斗争,并且依据不同阶段的国情和实际需要,制定并实施了有针对性的反贫困策略。党的十八大以来,以习近平同志为核心的党中央组织实施了人类历史上规模空前、力度最大、惠及人口最多的脱贫攻坚战,并且取得了决定性的成就。2021 年 2 月 25 日,习近平总书记在全国脱贫攻坚总结表彰大会上庄严宣告:我国脱贫攻坚战取得了全面胜利。[①] 我们打赢了人类历史上规模最大的脱贫攻坚战,历史性地解决了绝对贫困问题,为全球减贫事业作出了重大贡献。中国的贫困治理成就也得到了世界各国的肯定和赞扬,联合国秘书长安东尼奥·古特雷斯(António Guterres)指出:"过去 10 年,中国是为全球减贫作出最大贡献的国家。"[②]

---

① 习近平:《在全国脱贫攻坚总结表彰大会上的讲话》,新华社 2021 年 2 月 25 日。

② 刘峣:《"中国式扶贫"贡献全球减贫》,《人民日报海外版》2018 年 3 月 10 日。

中国取得了脱贫攻坚的全面胜利，但世界上还有很多国家依然面临着严峻的贫困问题。全球化在推动世界各国走向现代化的同时，也加深了各国之间的依存度，继而引发一系列的全球性问题，但这些问题的解决却不是单纯依靠“以国家为中心的主权治理体系”能够完成的，全球性贫困问题便是如此。贫困问题已然超越单一国家或地区的范畴，演变成为全球性的挑战，唯有通过国际合作与共同治理才能够得到有效解决。当前，除了各国政府和国际组织的积极参与外，非政府组织也在全球反贫困事业中发挥着不可或缺的作用。非政府组织作为独立于政府和企业之外的第三方力量，因其独立性和灵活性而独具优势，它们能够运用一系列独特的方法和策略来应对各种错综复杂的社会问题，因此得到了广泛的关注和认可。近二十年来，全球非政府组织的数量和规模都得到了空前的发展，它们在贫困治理、教育和环境保护等方面发挥着日益突出的作用，也逐渐成为全球国际合作治理的重要力量，得到了各国政府的青睐。联合国前秘书长科菲·安南(Kofi Atta Annan)在谈到非政府组织的作用时说：“全球的和平与繁荣离不开政府、政府间组织、非政府组织、商业团体及整个公民社会的参与。”英国国际发展部(Department for International Development, DFID)将非政府组织视为旨在解决贫困问题的国际网络和发声筒。①

值得注意的是，社会组织的作用不仅体现在对贫困等具体问题的应对上，积极投身国际事务的社会组织，还兼具传播本国价值观及国家形象的功能。全球化的发展推动了各国对国际传播的重视，中国政府近年来在一系列重要会议及文件中阐述了对外传播的重要性。2012 年，党的十八大报告

① Sarah S. Stroup, *Borders among Activists International NGOs in the United States, Britain, and France* (Ithaca: Cornell University Press, 2012).

明确提出“要构建和发展现代传媒体系，提高传播能力”；2017 年，党的十九大报告提出“推进国际传播能力建设，讲好中国故事，展现真实、立体、全面的中国，提高国家文化软实力”；2022 年，党的二十大报告提出“增强中华文明传播力影响力。坚守中华文化立场，提炼展示中华文明的精神标识和文化精髓，加快构建中国话语和中国叙事体系，讲好中国故事、传播好中国声音，展现可信、可爱、可敬的中国形象。加强国际传播能力建设，全面提升国际传播效能，形成同我国综合国力和国际地位相匹配的国际话语权”。近十年来，在中国特色大国外交的整体布局中，政府、社会组织、企业和个人共同组成了国家形象传播的多元主体。在解决了本国的贫困问题后，中国政府正通过系统性的总结和梳理向国际社会分享我们的减贫成果和减贫经验，而那些参与全球贫困治理的社会组织正积极利用自身的组织优势将反贫困经验传播到其他国家，这对中国国际形象的塑造与话语体系的建构具有深远意义。中华民族自古以来便秉持着“天下大同”的理念，崇尚“大道之行，天下为公”的崇高境界，追求“亲仁善邻，协和万邦”的和谐关系，倡导“和衷共济，守望相助”的团结精神，这些理念深深融入中华民族的血脉之中，成为我们民族的文化基因，引领着我们在历史长河中不断前行。

社会组织是开展国际合作和全球治理的主要平台和重要力量，做好国际组织人才的培养和输送工作对我国积极推进多边外交、深度参与全球治理、持续扩大我国在国际组织中的话语权和影响力具有特殊的意义和作用。① 本书认为，社会组织是反贫困经验话语传播的重要载体，能够推动减贫话语的国际传播，同时，话语传播的过程也能够促进社会组织更好地参与

① 张贵洪：《国际组织人才培养的模式与方法》，《中国社会科学报》2023 年 7 月 13 日。

反贫困国际合作,这是一种相互依存、互相促进的关系。本书将从两个方面对社会组织的反贫困国际合作与话语传播展开研究:从历时的角度,本书梳理了中国社会组织参与反贫困国际合作和话语传播的历程;从共时的角度,本书试图建构社会组织在反贫困国际合作与话语传播中的机制与路径。总之,本书是对中国社会组织反贫困国际合作与话语传播的全面研究,它既是对中国社会组织反贫困国际合作与话语传播的历史进程的回顾性研究,又是对中国社会组织反贫困话语体系与传播机制路径的建构性分析。

目录

第一章
理论基础与文献综述

在全球化的大背景下，社会组织反贫困国际合作与话语传播成为国内外学术界关注的焦点。学者们对此展开了广泛而深入的研究，构建了全球贫困治理理论、跨文化传播理论和建构主义等理论框架，这些理论不仅为我们理解社会组织在反贫困国际合作中的作用提供了深刻的视角，而且为分析社会组织如何通过话语传播影响和改变公众的认知与行为提供了新的思路。本章中，我们首先对社会组织及话语传播的概念展开剖析，对国内外关于“社会组织反贫困国际合作”和“社会组织话语传播”的相关文献进行系统梳理，对概念、理论及文献进行深入分析，为本研究提供清晰的概念界定、坚实的理论基础及翔实的前期研究基础。

第一节　主要概念和理论基础

一、主要概念

（一）社会组织和非政府组织

社会组织(Social Organization)通常是指为了实现某种共同目标或利益,由一定数量的成员依据一定的宗旨、原则或规章而建立起来的社会集体。在现代社会中,组织已经渗透到社会生活的方方面面,每个人都生活在不同的组织中。从传播学的角度来理解,组织是指通过连续不断的传播过程创造出来的具有共同目标的人群的集合,组织成员通过互动来完成各自的、共同的目标。从这个意义上来看,组织不是孤立存在的,任何组织都需要通过多种传播手段与其他组织或公众发生千丝万缕的联系。

20 世纪中叶以来,伴随着“全球性的社团革命”的兴起,社会组织在全球范围内大量涌现。社会组织是现代社会结构分化的产物,是社会政治制度与其他非政治制度在不断趋向分离过程中所衍生的社会自组织系统的重要组成部分。[①] 从学理上来看,社会组织有广义和狭义之分。广义的社会组织是指一个社会中的所有组织,包括经济组织(企业)、政治组织(政府)和其他组织;狭义的社会组织是指政府和企业之外的不以营利为目的的民间组织,主要包括社会团体、民办非企业组织和基金会。[②] 作为全球治理体系重要组

---

① 赵佳佳:《社会组织相关概念的分析与界定》,《行政与法》2017 年第 6 期。
② 周春霞:《浅析社会组织与政府关系发展的新特点》,《社会主义研究》2010 年第 6 期。

成部分之一的非政府组织(Non-Governmental Organization, NGO)兴起于20世纪80年代,彼时全球人口、贫困和环境问题日益凸显,而政府和市场面对这一系列难题时却束手无策。作为一种回应,非政府组织迅速成长,其社会功能得到普遍认可,已被列为与"企业—市场体系"和"政府—国家体系"并列的第三体系①,伴随着现代社会的发展而不断壮大。

非政府组织是一个国际社会更为通用的概念,强调的是组织的非官方性,表明其不属于政府系统。早在1945年联合国成立时,非政府组织的重要地位就得到了认可,《联合国宪章》第七十一条规定:"经济暨社会理事会得采取适当办法,与各种非政府组织会商有关于本理事会职权范围内之事件。"非政府组织自此正式登上世界舞台。自20世纪60年代起,联合国开始邀请政府之外的各类民间机构出席其会议,"非政府组织"这种简洁明了的表达与政府组织对应的称谓便逐渐约定俗成地沿用了下来。②

在本书的写作过程中,我们将视具体的表达需要而交替使用"社会组织"和"非政府组织"两个概念,它们的含义没有本质的区别,只是使用习惯不同。

(二)话语传播

话语是语言学的一个概念,指的是人们说出或写出的词句、言语及相关符号,具有社会性。话语活动是特定社会语境中人与人之间沟通的具体言语行为,即一定的说话人与受话人之间在特定社会语境中通过文本而展开

---

① 吴飞、傅丽英:《非政府组织及其国际传播分析——以环境非政府组织绿色和平组织为例》,《中国媒体发展研究报告》2011年第00期。

② 赵佳佳:《社会组织相关概念的分析与界定》,《行政与法》2017年第6期。

的沟通活动,包括说话人、受话人、文本、沟通、语境等要素。① 早期对话语的研究主要集中在语言学领域,但随着法国思想家米歇尔·福柯(Michel Foucault, 1981)提出"话语即权力"的观点,话语在社会科学领域开始被更广泛地研究。话语不再仅仅是语言的分析框架,而被视为一种社会实践,具有"建构的功能",法国社会学家皮埃尔·布迪厄(Pierre Bourdieu, 1991)认为社会是一种"语言交换市场",荷兰学者范迪克(Van Dijk, 1991)认为话语实际上是一种"社会互动"②。如今,对话语的研究已经突破了早期静态的语言学范畴,逐渐关注话语发生的特定语境、互动行为和权力关系,并且强调话语是制造与再造意义的社会化过程。

传播被定义为"社会信息的传递或社会信息系统的运行"③,传统意义上的传播被认为是组织为实现其目标而进行的内部信息传递活动。然而,20世纪70年代以后,随着阐释学的发展,传播已不再被视为组织内部的信息传递活动,而是通过组织成员的语言、符号和其他行为集体进行的社会建构,它是一种意义的建构过程,是一种赋予意义的行为。④ 在信息化和网络化的现代社会中,传播在时间和空间上不断拓展,内容也更为复杂,传播已不单单是信息的传递,还包括思想交流和情感传递。因此,传播被视为一种社会关系的交换,在这个过程中,新的语言形式、意义、关系和情感得以形成和流动。

---

① 刘少杰:《语言哲学话语视角下研究生英语课堂教学新模式设计》,《西南农业大学学报(社会科学版)》2012年第8期。

② 吴赟、顾忆青:《国家对外话语战略的内涵与规划》,《语言文字应用》2019年第4期。

③ 郭庆光:《传播学教程(第二版)》,中国人民大学出版社,2011,第3页。

④ L. Putnam, "Communication and organizations: An interpretive approach," in *The Interpretive Perspective: An Alternative to Functionalism*, eds. L. Putnam and M. Pacanowsky (Newbury Park, CA: Sage, 1983).

从传播学的视角来看,话语传播是指话语发出者根据特定目的主动设置议题,形成相应的话语内容、主题和模式的过程,这些话语内容、主题和模式是通过传播媒介扩散出去的建构活动,具有明确的目的性。在这一过程中,受众不是被动的接受者,而是具有主体能动性的参与者。

通过以上对话语和传播概念的梳理,我们发现话语和传播涉及意义的创造和解释过程。话语不仅是静态的语言单位,而且是在社会互动中被赋予意义并建构社会现实的工具。同样地,传播也不仅是信息的传递,而是涉及意义的建构、共享和转变的社会过程。从这个角度来理解,话语传播可以被视为一种具有流动性和动态性的过程,其中充满了意义和情感,它不仅是一个语言学层面上的过程,而且是一个涉及社会、文化和心理等多个层面的复杂过程。同时,这一过程并不是单向的或线性的,而是具有反馈和互动的特点,受众在这个过程中并不是被动的接受者,而是具有主体能动性的参与者,他们会根据自己的理解、经验和需求来解读和回应话语,从而对话语的意义进行再建构和再阐释。总之,话语传播是一个充满了意义和情感,涉及多主体、多意义和多层面的复杂互动过程。

二、理论基础

(一) 全球贫困治理理论

从 20 世纪 90 年代开始,随着全球经济一体化的迅速发展,“其中最引人注目的变化之一,便是人类政治过程的重心正在从统治(government)走向治理(governance),从善政(good government)走向善治(good governance),从政府的统治走向没有政府的治理(governance without government),从民族国家的政府统治走向全球治理(global governance)”[①],全球贫困治理在此背景下逐渐兴起。全球贫困治理理论强调多元主体的参与和合作,除了主权国家,还包括国际组织、跨国公司等非国家行为体,共同参与全球贫困治理,这种多元主体的参与和合作,有助于汇聚各种资源和力量,形成合力从而更有效地解决全球贫困问题。全球贫困治理包含国内贫困治理和国际减贫合作两部分,国内贫困治理主要有政府和官方的减贫政策和措施,以及民间各方力量对减贫作出的贡献[②],而国际减贫合作则主要通过联合国(United Nations, UN)、世界银行(World Bank)、官方发展援助(Official Development Assistance, ODA)等全球国际减贫合作体系为发展中国家的减贫事业提供支持和帮助。

全球贫困治理理论的核心议题是“什么是贫困”和“如何减贫”。随着人们对贫困认识的不断深入,人们对“什么是贫困”的理解也发生了变化,贫困的内涵从早期的“物质贫困”转向贫困的本质,即贫困不仅表现为收入不足和物质资料的缺乏,还表现为能力不足、权利剥夺、机会排斥和社会资本缺乏等。因此,全球贫困治理不仅要关注经济层面的减贫,还要关注社会层面的减贫,即通过提升贫困者的个人能力和社会地位,实现真正的脱贫。关于“如何减贫”通常认为有两种模式,即“输血式”减贫和“造血式”减贫。所谓“输血式”就是向贫困人口输送其所缺乏的各种物资,以维持其生产生活的需要;所谓“造血式”就是通过“消除贫困人口的机能障碍,改进贫困人口的思维方式、生活态度和社会规范,调动其脱贫的主动性和积极性来解决贫困问题,另外努力优化导致贫困状态的经济社会结构,为贫困人口摆脱贫困提

---

① 俞可平:《全球治理引论》,《马克思主义与现实》2002 年第 1 期。
② 欧阳康:《国际组织与全球治理》,中国社会科学出版社,2019,第 5 页。

供良好环境和致富机会”。[1]

全球贫困治理理论认为贫困治理是一个复杂而艰巨的任务,需要全球各方的共同努力和合作,需要所在国建立有效的制度安排和政策落实机制,为贫困人口提供更多的机会和资源,推动社会的公平和公正,同时也要加强国际合作、加大对发展中国家的支持和援助力度、加强教育和培训等,才能实现消除贫困的目标,推动社会的全面发展和进步。全球贫困治理理论为反贫困国际合作提供了一个宏观的分析框架,为本研究提供了重要的理论基础。

(二) 跨文化传播理论

跨文化传播理论是研究不同文化背景下人们如何相互交流和理解信息的重要理论。由于文化差异的存在,跨文化传播常常面临诸多挑战和误解,跨文化传播理论强调文化差异、语境重要性和媒体中介作用等对跨文化传播的影响。跨文化传播理论的主要观点如下:

第一,跨文化传播理论强调文化差异的存在。该理论认为不同的文化背景导致人们在价值观、思维方式和行为模式等方面的差异,这些差异会影响信息的编码和解码过程,从而影响传播效果。因此,在跨文化传播中,了解和尊重不同文化背景下的传播习惯和价值观至关重要。

第二,跨文化传播理论强调语境在文化传播中的重要作用。美国人类学家爱德华 · T. 霍尔(Edward T. Hall, 1976)在《超越文化》[2]一书中,根

① 谭贤楚:《“输血”与“造血”的协同——中国农村扶贫模式的演进趋势》,《甘肃社会科学》2011 年第 3 期。

② E. T. Hall, *Beyond Culture* (New York: Doubleday, 1976).

据信息传播对语境的依赖程度，将各种文化划分为高语境文化和低语境文化。在高语境文化中，言语的意义与语境紧密相关，交际信息的创造主要依赖于交际语境；而在低语境文化中，言语的意义较为直接明确，对语境的依赖程度较低。这一观点强调了语境在跨文化传播中的重要性，提示我们在不同文化背景下要灵活调整传播策略，以适应不同的语境需求。

第三，跨文化传播理论强调媒体在跨文化传播中发挥着中介作用。斯图尔特·霍尔(Stuart Hall, 2007)在《电视话语中的编码与解码》中提出了著名的"编码/解码"理论，该理论指出，媒体不仅传递了信息，还传递了文化价值观念和社会规范，对于塑造社会文化和个体认知具有重要的作用，媒体是文化意义的生产者和传播者。[①] 因此，媒体的内容和形式都会影响跨文化传播的效果。在社会组织反贫困国际合作与话语传播的背景下，社会组织需要了解并尊重不同文化背景下的传播习惯和价值观，使用能够被目标受众理解和接受的方式和语言才能更有效地传达信息。

总之，跨文化传播理论对于促进不同文化背景人们之间的交流和理解具有重要意义。在非政府组织的反贫困国际合作中，跨文化传播理论有助于分析和理解不同文化背景下贫困问题的表述、反贫困策略的传播，这就要求非政府组织在开展国际合作时充分考虑和尊重文化的多样性，采取适当的传播策略，以促进反贫困信息的有效传播和接受。

(三) 建构主义理论

从本质上来说，话语传播就是建构一套符合本国国家利益与形象的对

---

① Stuart Hall, "Encoding and Decoding in the Television Discourse," *CCCS selected working papers* 2, no. 1(2007): 402 - 414.

外传播话语体系来进行国际传播，这是一种传播内容与形式的建构过程。[①]根据建构主义国际关系理论的观点，对外传播不是强硬的宣传手段，而是从交往和沟通中构建双方的正面形象，一套具备特色、文化交融的话语体系是国与国之间、传播者与受众间形成良好沟通、建立友好关系、传播自身理念的前提。[②] 传播是一个具有一定的目的性和倾向性的不知不觉改变人们认知的过程，这一过程不是一蹴而就的，而是在潜移默化中慢慢发挥传播的作用。国际非政府组织的性质和特点决定了它是进行话语传播的合适力量，它们通常采取项目制的形式，扎根于当地，通过全面系统的对当地文化与价值观的了解，以一种潜移默化的“涵化”方式来改变对方的认知。通过耳濡目染的交往和交融，在日积月累的互动中，逐渐构建起紧密的关系网络，这种新型的交流方式不再是传统单一的宣传活动，而是现代国际交流和对外传播的新模式。

从建构主义的角度，我们可以从以下几个方面来理解反贫困国际合作与话语传播：

第一，话语的建构性作用。建构主义理论认为，话语不仅是信息的传递，更是一种社会建构过程。在非政府组织的反贫困合作中，话语传播不仅传递了反贫困的理念、策略和实践成果，而且通过话语的建构，塑造了公众对贫困问题的认知，影响了反贫困行动的方向和效果。NGO 通过精心构建的话语体系，能够引起社会共鸣，凝聚共识，进而推动反贫困合作的深入

① 冯若谷：《“身份互塑”与“关系文化”——建构主义国际关系理论视野下的对外传播观》，《现代传播（中国传媒大学学报）》2015 年第 5 期。

② 周欣姝、康璐燕、安楚：《建构主义国际关系理论视阈下的延安时期对外传播》，《新闻传播》2022 年第 14 期。

发展。

第二,主体间的互动与协商。建构主义理论强调主体间的互动与协商在知识和社会现实建构中的重要性。在非政府组织的反贫困合作中,不同主体(包括 NGO、政府、企业、媒体等)可以通过话语传播进行互动和协商,共同构建反贫困的合作框架和行动策略。这种互动和协商不仅有助于消除误解和分歧,还能够促进资源的共享和优势互补,提升反贫困合作的效能。

第三,话语体系的动态性与开放性。建构主义理论认为,话语体系是动态和开放的,在非政府组织的反贫困合作中,话语传播需要根据实际情况进行调整和创新,以适应不断变化的社会环境和反贫困需求。同时,NGO 还需要保持话语体系的开放性,积极吸纳不同观点和声音,以丰富和完善反贫困话语体系,提升话语传播的效果和影响力。

第四,文化因素在话语建构中的作用。建构主义理论还强调文化因素在话语建构中的重要作用。不同文化背景和价值观会影响人们对贫困问题的认知和理解,进而影响反贫困话语的建构和传播。因此,非政府组织在反贫困合作中需要充分考虑文化因素的影响,尊重不同文化的差异和特点,通过跨文化交流和理解来构建更具包容性和普适性的反贫困话语体系。

第二节　文献综述

本研究涉及社会组织、反贫困国际合作及话语传播等三大议题,在本部分我们主要围绕社会组织反贫困国际合作与社会组织话语传播两个方面的相关研究进行梳理。

一、社会组织反贫困国际合作相关研究

(一) 国内相关研究

1. 社会组织国际化的相关研究

第一，中国社会组织国际化的现状与问题研究。作为国内首先关注中国社会组织国际化的学者，邓国胜在《中国民间组织国际化的战略与路径》(2013)一书中梳理了民间组织国际化的经验与教训，对发展中国家的社会需求与民间组织的发展环境展开了系统分析，并对中国民间组织的国际化发展、海外运营与管理提出了具体的建议。[①] 邓国胜的研究填补了中国社会组织国际化研究的空白，为后续研究提供了重要的理论基础。杨义凤指出，中国社会组织国际化需应对传统官方对外发展援助的局限、海外中资企业社会责任需求的增加及全球公民社会和公共治理的到来这三大国内外背景，作者强调这些为中国社会组织的国际化提供了重要的发展机遇，最后围绕 NGO 的核心价值、组织能力与支持体系建设三个方面给出了社会组织国际化的对策建议。[②] 章兴鸣、陈佳利认为，社会组织是全球治理的重要主体，也是推行国家战略的重要渠道，但我国社会组织“走出去”进程明显滞后，需要相关法规、政策和体制机制的完善。[③] 这些研究对中国社会组织走出去的国内外环境作出了客观的分析，揭示了我国社会组织“走出去”的不足和需

① 邓国胜：《中国民间组织国际化的战略与路径》，中国社会科学出版社，2013。

② 杨义凤：《中国 NGO 国际化的现状、挑战与对策》，《湖南师范大学社会科学学报》2014 年第 3 期。

③ 章兴鸣、陈佳利：《社会组织“走出去”参与全球治理研究》，《广西社会科学》2019 年第 1 期。

要改进的地方。

第二，中国社会组织国际化的方式与模式研究。刘磊指出，非政府组织通过对外宣传、参与国际会议、促进官民交流等方式在文化、教育等领域同他国展开交流。① 黄浩明总结了中国社会组织国际化采取了与属地伙伴合作、民办官助合作、社办联企合作、借船出海合作与社媒合作等五种模式。② 颜克高梳理了中国 70 年的对外援助后指出，中国社会组织参与对外援助经历了原生态、次生态、衍生态以及新生态四个发展阶段，积累了紧跟国家发展战略、借力国际援助机构、依托国内实践、创新援助模式等经验。③ 这些研究对社会组织国际化的模式及发展阶段进行了系统的梳理与总结，为更好地推进中国社会组织的国际化之路提供了有益的借鉴。

第三，中国社会组织在非洲的援助活动。非洲是中国社会组织对外援助最为活跃的地区，学者们的研究多强调社会组织在受援国的减贫事业及民间交往中发挥着重要作用。刘鸿武、沈蓓丽梳理了非洲国家非政府组织的发展历程，关注了中美两国社会组织在非洲的活动。④ 赖钰麟以中国扶贫基金会为例，指出中国民间组织走出去需要政府和企业支持，这种对外援助对中国的外交意义重大。⑤ 李安山梳理了中非民间交往的历史，并以 1960 年成立的中国非洲人民友好协会为例，探讨了民间组织在促进中非人民之

---

① 刘磊：《非政府组织参与公共外交的路径研究》，《山东行政学院学报》2014 年第 9 期。
② 黄浩明、石忠诚、张曼莉等：《中国社会组织国际化战略与路径研究》，《中国农业大学学报(社会科学版)》2014 年第 2 期。
③ 颜克高：《中国社会组织参与对外援助 70 年：经验、问题与展望》，《国外社会科学》2021 年第 1 期。
④ 刘鸿武、沈蓓丽：《非洲非政府组织与中非关系》，世界知识出版社，2009。
⑤ 赖钰麟：《民间组织从事对外援助：以中国扶贫基金会援助非洲为例》，《国际论坛》2013 年第 1 期。

间的相互了解和认同方面发挥的作用。① 昝瑞语在系统梳理中国社会组织援助非洲的历史进程、援助领域、实践模式以及现实考验后指出，人道主义援助是中国民间组织援助非洲的重点领域，是民间组织参与对外援助和全球治理的便捷途径，也是展示国际形象的重要方式。② 非洲是中国社会组织走出国门、积累援助经验、开展项目的重要阵地，学者们的相关研究揭示了中国社会组织在非洲援助中的问题和挑战，为其他社会组织的海外行动提供了有益的借鉴。

第四，国际非政府组织的相关研究。蓝煜昕梳理了西方发达国家 NGO 的发展，并总结出三大宏观关系的变迁，即"跨国 NGO—国家"关系上从私人领域到公共领域、"北—南"关系上从单向援助到平等合作、"NGO—社会"关系上从志愿主义到职业主义。③ 艾莎、李骅、方珂以肯尼亚发展机构、印度农村发展项目和农场协会为例阐述了非政府组织在当地社区发展中的作用，并通过对南非贫民窟居民国际（SDI）、津巴布韦的教会组织和美国反贩卖妇女联盟（CATW）这三个案例的介绍，强调非政府组织在培育社会关系、增进社会福利和强化公民创新能力等方面发挥着重要作用，说明国际非政府组织在发展社会服务和推进全球发展方面的作用。④ 马庆钰、张蕾通过对五个国家如何助力非营利组织国际化发展的研究指出，一个国家在打造积

① 李安山：《中非合作的基础：民间交往的历史、成就与特点》，《西亚非洲》2015 年第 3 期。
② 昝瑞语：《改革开放以来中国社会组织对非洲的援助研究》，博士学位论文，吉林大学，2020 年。
③ 蓝煜昕：《历程、话语与行动范式变迁：国际发展援助中的 NGO》，《中国非营利评论》2018 年第 1 期。
④ 艾莎、李骅、方珂：《全球发展与非政府组织的作用：国际经验及其讨论》，《山东社会科学》2018 年第 1 期。

极软实力方面，离不开非营利组织的参与，为此就需要有政社合作的总体安排，需要政府为非营利组织走出去参与国际公益慈善事业提供有效支持。① 这些学者的研究帮助我们更好地了解国际非政府组织的发展经验，有助于我们更好地理解国际非政府组织的发展规律，也可以为我国社会组织的国际化提供参考与借鉴。

2. 社会组织的作用研究

社会组织作为现代社会治理体系的重要组成部分，其作用和影响已经受到国内外学者的广泛关注，非政府组织在全球治理、公共外交与国际关系以及民间外交等方面都发挥着重要的作用。

第一，社会组织在参与全球治理中的作用研究。早期学者们的研究认为民间组织是国际社会参与和治理的力量，并强调民间组织在国际交往和治理中具备政府不具备的优势②，全球治理是由于全球性问题出现引发的新型治理模式，非政府组织作为重要的治理主体，促进了全球治理的有效性、规范性、广泛性和民主性③。陈晓春和刘娅云指出，我国非政府组织“走出去”战略是参与全球化治理、提供国际公共产品、实现国际公共利益的一种行为，是我国“走出去”总体战略的重要组成部分，并从国家、企业和非政府组织三个层面提出了相应的对策和建议。④

第二，社会组织在公共外交与国际关系中的作用研究。刘贞晔通过对

① 马庆钰、张蕾：《政府如何助力非营利组织国际化发展——基于五个国家样本的分析》，《中国行政管理》2022 年第 10 期。

② 王名、刘培峰等：《民间组织通论》，时事出版社，2004，第 317 页。

③ 丁宏：《全球化、全球治理与国际非政府组织》，《世界经济与政治论坛》2006 年第 6 期。

④ 陈晓春、刘娅云：《我国非政府组织“走出去”战略研究》，《中国行政管理》2016 年第 2 期。

非政府组织在外交中的主体角色和策略行为的分析，提出了非政府组织在公共外交和国际政治中的政治效应，主要包括新型权力政治、“逆外交”政治、推动国家政治向非国家政治转变等。[①] 龙小农指出，NGO是实施公共外交的重要主体，是提升国际话语权的巧力量。[②] 郑嘉伟指出中国已形成双边和多边交流机制，民间组织成为中国扶贫经验对外交流的新路径。[③] 颜克高在系统梳理中国社会组织参与对外援助的历程与发展逻辑后指出，中国社会组织作为官方力量的辅助，在人道主义援助、教育、扶贫、医疗等对外援助具体领域发挥着重要作用，但也面临着外部支持缺乏与内部发展受限的双重难题。[④]

近些年来，随着国际形势的发展变化，非政府组织在国际政治关系中发挥着多面性的角色，如戴锋宁指出，西方非政府组织不仅参与社会治理，在对外战略中也发挥着越来越重要的作用，除了与政府关系密切，它们还是本国对外援助的重要帮手，特别是近些年来越来越多的非政府组织主动或被动地参与到“颜色革命”中，具有一套完整的理论体系和多样的实践经验。[⑤] 孙海泳在对美国非政府组织的对华战略的研究中指出，美国非政府组织不仅在政策倡议与舆论引导方面发挥着重要作用，还参与了美国对华全领域竞争，此外，一些社会组织还通过对特定组织提供资金支持、活动指导等方

---

① 刘贞晔：《非政府组织及其非传统外交效应》，《国际观察》2012年第5期。

② 龙小农：《巧用NGO开展中国对非公共外交》，《公共外交季刊》2018年第3期。

③ 郑嘉伟、王红续：《中国贫困治理经验的国际化总结与对外传播》，《内蒙古师范大学学报(哲学社会科学版)》2020年第4期。

④ 颜克高：《中国社会组织参与对外援助70年：经验、问题与展望》，《国外社会科学》2021年第1期。

⑤ 戴锋宁：《非政府组织在美国对外战略中的作用浅析》，《中国人民大学学报》2020年第4期。

式,积极参与对华经济与科技竞争。①

第三,社会组织在民间外交中的作用。贾西津的研究强调以民间组织的名义可以更好地实现国家参与国际事务的意愿,但这些社会组织在很大程度上是运用社会机制和社会资源来达成保持国家控制能力的目的②,安姗姗和蓝煜昕的研究强调社会组织"走出去"能够促进民心相通、提升国家软实力③,这项研究将社会组织的作用提升到了国家软实力的层面。

3. 社会组织国际化的路径研究

社会组织国际化路径的研究是一个涉及国际关系、社会学、政治学等多学科的交叉领域,学者们从不同角度对中国社会组织国际化的路径展开了深入探讨。早期的研究更多地关注如何利用现有条件实现社会组织国际化,如吕晓莉的研究强调了非政府组织在公共外交中的作用,提出了通过开展海外项目、拓展对外援助方式、借用国际平台等方式来发出中国非政府组织的声音。④ 黄浩明提出通过加强与国际民间组织的交流合作、参与联合国多边合作、参与国际会议和国际官方发展援助项目等方式⑤以实现社会组织的国际化。

随着时间的推移,对社会组织国际化战略的研究更加具体,杨义凤和邓国胜提出了政府、企业、非政府组织三位一体的多元合作关系,以增强援助

① 孙海泳:《非政府组织在美国对华战略中的角色、作用与前景》,《国际展望》2021 年第 5 期。

② 贾西津:《NGO:国际视野与中国发展》,《当代世界》2010 年第 6 期。

③ 安姗姗、蓝煜昕:《国际发展援助中非政府组织如何协同建构国家软实力——来自发达国家的经验》,《国外社会科学》2019 年第 5 期。

④ 吕晓莉:《中国非政府组织的国际化路径研究》,《当代世界与社会主义》2012 年第 6 期。

⑤ 黄浩明:《社会组织走出去:国际化发展战略与路径研究》,对外经济贸易大学出版社,2015。

效果。[①] 蓝煜昕指出中国社会组织要融入国际发展体系，需要理解非政府组织在国际发展体系中的地位、主流话语和行为范式，这对于中国社会组织"走出去"至关重要。[②] 这表明，中国社会组织在"走出去"的过程中需要加强对国际规则和文化的了解和适应，提高其国际参与度和影响力，这一研究为社会组织的国际化提供了文化层面的深刻见解，对于指导中国社会组织的国际化实践具有重要的参考价值。马庆钰的研究总结了中国在推动社会组织国际化方面进行的探索和取得的成就，并指出存在的不足，同时结合了"十四五"规划纲要从宏观层面为社会组织国际化提供政策层面的支持和指导，并指出构建一套由"理念—制度—机制—政策"组成的支持系统十分必要。[③]

还有学者对社会组织参与国际反贫困合作的路径展开分析，如赵佳佳和韩广富的研究强调中国社会组织在"走出去"扶贫中的重要作用，提出了政府应该从资金、制度、能力、平台等多方面支持社会组织国际化，并对参与的社会组织开展能力建设培训。[④]

总之，学者们关于中国社会组织国际化的路径研究经历了从实践探索到理论构建，再到效果评估和路径优化的过程。这些研究从不同角度丰富了中国社会组织国际化的理论体系，并为社会组织的国际化提供了具有可

① 杨义凤、邓国胜：《国际 NGO 参与对外援助的变迁及对中国的启示》，《中国行政管理》2014 年第 3 期。

② 蓝煜昕：《历程、话语与行动范式变迁：国际发展援助中的 NGO》，《中国非营利评论》2018 年第 1 期。

③ 马庆钰、徐月宾：《我国社会组织国际化发展的基本条件、关键问题与推进策略》，《人民论坛・学术前沿》2023 年第 14 期。

④ 赵佳佳、韩广富：《中国社会组织"走出去"扶贫问题探析——以社会组织在非洲的扶贫活动为例》，《贵州师范大学学报(社会科学版)》2016 年第 4 期。

操作性的指导。

4. 中国社会组织参与“一带一路”研究

中国“一带一路”倡议提出后，社会组织作为一支重要的力量积极参与这一全球性的发展战略中，学者们对社会组织在“一带一路”中的作用、挑战以及发展路径等进行了深入的研究。

首先，学者们普遍认为社会组织在“一带一路”建设中扮演着重要角色。胡昊和王栋强调了民间组织在公共外交中的角色，提出了民间组织作为公共外交的主体之一，发挥着培育共建国家知华友华的重要任务。① 鞠晓颖和叶素云指出社会组织在推动人道主义援助、扩大民意基础、促进民心相通等方面具有特殊作用。② 马庆钰强调非政府组织的组织属性、组织形态和国际认可度，决定了其在全球治理体系和国家软实力建设等相关国际事务中具有不可替代性，而中国在改革开放全面发展中经济实力得到不断积累、人类命运共同体理念逐渐明晰、国际事务参与意愿不断增强、“一带一路”区域合作日趋密切等为中国非政府组织走出去参与国际事务和全球治理创造了有利时机。③

其次，学者们也关注到社会组织在“一带一路”国际化过程中面临的问题。沈海燕指出，政府扶持力度不够、法律法规缺乏、体制机制协调度欠佳等问题制约了社会组织作用的发挥。也有学者对社会组织的国际化阶段进行了划分，并总结了“一带一路”背景下中国社会组织国际化的特点，如卢玮

---

① 胡昊、王栋：《推动中国民间组织积极参与“一带一路”建设》，《公共外交季刊》2014 年第 4 期。

② 鞠晓颖、叶素云：《非政府组织参与“一带一路”倡议的作用探讨》，《发展研究》2018 年第 2 期。

③ 马庆钰：《中国 NGO 参与全球治理的优势与时机》，《理论探讨》2022 年第 1 期。

静将社会组织国际化的发展划分为自我封闭期、寻求资源期、探索尝试期以及快速发展期等，并指出在全球化及“一带一路”背景下，中国组织参与国际发展合作呈现快速融入官方发展援助（ODA）体系、参与方式多元化、注重自下而上的可持续发展、合作属性与能力增强等特点[①]，较为清晰地把握了在新的历史条件下社会组织国际化发展的一些新特点。

最后，针对社会组织在“一带一路”建设中遇到的问题和挑战，学者们提出了一系列的建议和对策。王俊雅和彭未名提出了社会组织走出去的对策，强调以项目制互助方式参与国际事务，并联合企业增强与发展中国家社会组织的交流和合作。[②] 辛传海、朱美慧和李博林提出了激发内部源动力、提升国际拉动力、增强制度推动力等措施，以完善社会组织参与“一带一路”建设的动力机制。[③] 仇墨涵和刘培峰[④]以及康晓丽[⑤]则从政府支持、法律保障、组织能力建设、人才培养等方面提出了推动社会组织国际化发展的建议。

（二）国外相关研究

20 世纪 60—70 年代，非政府组织在全球范围内迅速崛起，其影响力不断扩大，自然吸引了众多学者的关注，这一时期的研究主要关注非政府组织的性质、在国际事务中的角色和作用及其与主权国家的关系。到了 20 世纪

---

① 卢玮静：《中国社会组织参与国际发展合作：趋势与挑战》，载《中国社会体制改革报告 No. 7(2019)》，社会科学文献出版社，2019，第 231 页。

② 王俊雅、彭未名：《我国社会组织走出去的现状、挑战与对策》，《改革与开放》2017 年第 23 期。

③ 辛传海、朱美慧、李博林：《中国社会组织参与“一带一路”建设的动力机制研究》，《改革与开放》2018 年第 23 期。

④ 仇墨涵、刘培峰：《“一带一路”背景下中国社会组织国际化问题与建议》，《湘潭大学学报（哲学社会科学版）》2019 年第 6 期。

⑤ 康晓丽：《中国涉外民间组织参与全球治理的战略与机制研究》，《太平洋学报》2020 年第 12 期。

80 年代,随着公共管理理论的发展和非政府组织在国际政治舞台上的作用日益凸显,非政府组织作为国家和市场之外的“第三部门”的作用日益受到重视,特别是非政府组织在全球开展的减贫工作吸引了学者的关注,这一时期捐赠机构开始对国家在处理贫困问题上表现出不信任,非政府组织的作用变得日益重要。一些国家开始将援外的资金重新分配给非国家部门,包括非政府组织,用于支持其参与公共产品和服务的供给①,并强调非政府组织在民主化和提供服务方面的作用②。20 世纪 90 年代以后,随着全球市民社会和全球治理等概念的提出,社会组织的社会和政治功能开始受到更多关注。莱斯特 · M. 萨拉蒙(Lester M. Salamon)在 1994 年提出“全球结社革命”概念,指出全球范围内有组织的私人志愿活动蓬勃发展,他的团队从 1991 年开始对全球 42 个国家的非营利部门进行比较研究,提出了全球公民社会国际指数。③ 进入 21 世纪,随着全球化加速和非政府组织数量不断增加,西方国家的研究也呈现多元化趋势,非政府组织在全球治理中的角色、作用以及国际组织与主权国家之间的关系成为研究的重点,非政府组织在环境保护、人权保障、减贫等领域的贡献和作用也受到更多关注。具体如下:

1. 非政府组织在国际减贫中的作用研究

关于非政府组织在国际减贫活动中的作用,学者们依据不同地区调查

① C. Mhaka, “IPSAS, A Guaranteed Way of Quality Government Financial Reporting? A Comparative Analysis of the Existing Cash Accounting and IPSAS Based Accounting Reporting,” *International Journal of Financial Economics* 3, no. 3 (2014): 134 - 141; B. Nega and G. Schneider, “Social Entrepreneurship, Microfinance, and Economic Development in Africa,” *Journal of Economic Issues* 48, no. 2(2014): 367 - 376.

② S. Wright, “From ‘Third Place’ to ‘Third Space’: Everyday Political Talk in Non-political Online Spaces,” *Javnost-the public* 19, no. 3(2012): 5 - 20.

③ 莱斯特 · M. 萨拉蒙:《全球公民社会:非营利部门视界》,贾西津、魏玉等译,社会科学文献出版社,2002。

的结果，形成了两种不同的观点：一种观点认为非政府组织对于全球减贫实践具有积极作用，另一种观点认为非政府组织在其间的作用有限，并未达到最初的减贫目标。有学者在对非政府组织在撒哈拉以南非洲地区减贫实践的研究中强调其积极作用的一面[①]，强调非政府组织的努力可能能够带来短期内的成功[②]；有一些学者对孟加拉国[③]、加纳[④]、索马里、乌干达等地的研究均强调非政府组织给当地人的生活带来积极影响，大大改善了受援国大众的健康和教育水平，并增加了收入。

另一些学者则认为非政府组织在减贫中所起的作用极其有限[⑤]，并不能改善弱势群体的处境，特别是非政府组织并不能真正地解决贫困的结构性根源原因和症状，其对社会和政治排斥等方面的作用非常微小[⑥]。有学

---

① A. S. Garba, S. A. Mansor and F. Djafar, "An Exploratory Study on the Constraints for Entrepreneurial Activity: A Case of Micro and Small Enterprises in Kano, Nigeria," *Journal of Applied Management and Entrepreneurship* 18, no. 4 (2013): 79 - 92; A. M. Dahie, "Role of Nongovernmental Organizations on Poverty Reduction: Empirical Study from Local NGOs in Mogadishu-Somalia," *European Journal of Research in Social Sciences* 7, no. 1(2019): 43 - 55.

② D. Forkuor and S. Agyemang, "Fighting Urban Poverty in Ghana: The Role of Non-governmental Organizations," *Urban Forum* 29(2018): 127 - 145; F. Farida, A. Ramadhan and R. Wijayanti, "The Influence of Good Corporate Governance and Corporate Social Responsibility on Firm Value: Evidence from Indonesia," *International Journal of Economics and Financial Research* 5, no. 57(2019): 177 - 183.

③ D. Korschun, C. B. Bhattacharya and S. D. Swain, "Corporate Social Responsibility, Customer Orientation, and the Job Performance of Frontline Employees," *Journal of marketing* 78, no. 3(2014): 20 - 37.

④ O. W. Adjei, S. Agyemang and K. Afriyie, "Non-Governmental Organizations and Rural Poverty Reduction in Northern Ghana: Perspectives of Beneficiaries on Strategies, Impact and Challenges," *Journal of Poverty Alleviation & International Development* 3, no. 2(2012): 47 - 73.

⑤ N. Banks and D. Hulme, *The Role of NGOs and Civil Society in Development and Poverty Reduction* (Manchester: Brooks World Poverty Institute, 2012).

⑥ A. T. Aasoglenang, D. Millar and K. Simon, "Indigenous Musical Modes of Communication and Their Relevance in Contemporary Times among the Boosi in Ghana," *Research on Humanities and Social Sciences* 4, no. 4(2014): 5 - 12.

者在对加纳的研究中均强调非政府组织对贫困减轻的贡献是有限且短暂的。

2. 非政府组织国际减贫的方法及策略

有学者的研究认为，非政府组织采用供给侧和需求侧的方法帮助贫困人口摆脱贫困①。所谓供给侧策略即非政府组织向有需要的人提供多项基本公共服务，特别是在那些公共服务不足的国家，非政府组织在社会和经济发展方面发挥着至关重要的作用，而在需求侧的方法中非政府组织扮演的是宣传的间接角色。①

3. 非政府组织参与贫困治理中的问题

非政府组织在参与全球贫困治理的过程中，面临着各种问题。菲利普·雷夫曼(Philippe Ryfman)在对非政府组织发展历史的梳理中指出，尽管非政府组织在处理国际冲突或自然灾害事务方面有其独特的优势，但非政府组织也存在资金、人才等方面的问题，在全球化的背景下，要通过完善援助合作伙伴体系来推动全球发展援助的建立。② 西蒙和阿索格伦昂(Simon and Aasoglenang)在对加纳的非政府组织的研究中指出，其面临着投资、网络联系、宣传、问责、社区赋权等水平低下的困难，并且议会和非政府组织之间缺乏互动。③ 朱利叶斯(Julius)的研究指出非政府组织可能存在被视为外国捐赠者的傀儡、精英主义、腐败、对接受者的责任不足等

① Suharko, "The Roles of NGOs in Rural Poverty Reduction: The Case of Indonesia and India," Discussion Paper No. 160.

② Philippe Ryfman, "Non-governmental Organizations: An Indispensable Player of Humanitarian Aid," *International Review of the Red Cross* 89, no. 865(2007): 21-45.

③ S. K. Kanlisi and T. A. Arkum, "Effectiveness of Non-Governmental Organizations in Poverty Reduction in Kasena-Nankana and Builsa Districts in North-Eastern Ghana," *Scottish Journal of Arts* 18, no. 2(2014): 30-54.

问题。[①] 在对肯尼亚非政府组织的研究中，戴维(David)发现非政府组织面临人员不足、资金不足、项目可持续性有限、对社区需求和愿望的重视不够、缺乏透明度和问责制、社区成员拒绝服务和缺乏兴趣、缺乏积极参与以及无法实施政府规定等各种问题。[②] 非政府组织还面临着援助撤离、资金不足、过度依赖外部资金来源及捐赠者支持减少等各种困境，对非政府组织的发展带来不利影响。[③]

国外学者对非政府组织在全球范围内开展的减贫工作的研究，为我们提供了深入了解全球减贫工作的复杂性和艰巨性的广阔视角。这些研究显示，非政府组织在减贫中的作用可能既重要又有限，同时在全球减贫实践中，非政府组织还面临着各种挑战和困境。这些研究对我国社会组织参与海外减贫行动具有重要的参考价值，促使我们反思和优化社会组织在国际发展援助中的角色和策略。

4. **西方学者对中国社会组织参与非洲事务的研究**

中国社会组织在非洲开展的援助活动也吸引了西方学者的广泛关注，众多学者对此展开了研究。艾伦・哈奇森(Alan Hutchinson)的研究关注了中国援助非洲的动机，这为我们理解中国社会组织援非活动的初衷提供了

---

① Niringiyimana Julius, "Non-governmental Organizations and Poverty Reduction in Uganda: A Case of Compassion International in Kisoro District," Unpublished Master's Thesis, Makerere University, Uganda (2014).

② D. K. David,"The Role of Nongovernmental Organizations in Poverty Reduction in Kisumu East Sub-county of Kisumu County Kenya," Unpublished Master's Thesis, University of Eldoret, Kenya (2015).

③ M. N. Fuseini, M. Sulemana and, I. A. Abdulai, et al., "Role of Non-governmental Organizations in Poverty Reduction in the Global South: Evidence from World Vision Ghana, Kintampo South District.," *SN social sciences* 11(2022): 240.

历史背景。[①] 戴维·布伦纳(David Brenner)指出中国社会组织在非洲开展的教育、医疗、扶贫等人道主义援助不仅改善了当地政府和民间的关系,也影响了中非之间的关系,[②]这表明中国社会组织在非洲的援助活动具有双重效应。雷扎·哈斯马特(Reza Hasmath)的研究指出,中国社会组织参与非洲援助活动虽然加快了"走出去"的步伐,但由于开展的多是短期项目,因此并未能影响到受援国的政治和制度环境。同时,社会组织与政府的密切关系也引发了受援国对其身份和独立性的质疑。[③] 这一研究提醒我们,中国社会组织在国际化过程中需要处理好与受援国政府的关系,同时也要关注项目的可持续性和深远影响。詹妮弗·Y. J. 徐(Jennifer Y. J. Hsu)的研究认为,中国社会组织在非洲的国际化之路仍处于初始阶段,且影响力十分微弱,无法与西方非政府组织相比。[④] 这一观点在一定程度上反映了中国社会组织在国际舞台上的现实地位,也为我们指明了未来中国社会组织国际化发展的方向。相较于前面的学者而言,雷扎·哈斯马特的研究则对中国社会组织的国际化之路充满信心,认为中国非政府组织未来可遍布全球,形成新的世界格局。[⑤] 这一乐观的预测为我们提供了信心,也激励我们努力地推动中国社会组织的国际化发展。

---

① Alan Hutchinso, "Chinas African Revolution," *Foreign Affairs* 3(1977): 663.

② David Brenner, "Are Chinese NGOs 'Going Out'? The Role of Chinese NGOs and GONGOs in Sino-African Relations," *Journal of Public and International Affairs* 22 (2012): 423 - 439.

③ 雷扎·哈斯马斯:《中国的非政府组织走向全球》,乔恒译,《环球时报》2016 年第 3 期。

④ Jennifer Y. J. Hsu, Timothy Hildebrandt and Reza Hasmath, " 'Going Out' or Staying In? The Expansion of Chinese NGOs in Africa," *Development Policy Review* 34(2016): 425.

⑤ Reza Hasmath, "China's NGOs Go Global," *The Diplomat* 23(2016).

总之，西方学者对中国社会组织援非活动的研究持有多元化的观点，这些观点为我们提供了宝贵的他者视角，有助于我们更全面、客观地认识中国社会组织在国际舞台上的角色和影响，也给我们带来很多的启发与思考。

二、社会组织话语传播相关研究

（一）国外相关研究

组织传播自西方兴起，大体经历了四个阶段。[①] 20 世纪 60 年代是组织传播的第一阶段，组织传播的古典学派、人际关系学派和人力资源等学派先后出现，这一时期的组织传播理论更加强调组织中的人如何活动、如何管理等问题。20 世纪 60 年代到 80 年代，是组织传播学发展的重要时期，这一时期组织传播学的系统学派、文化学派、批判学派开始出现。20 世纪 60 年代末期，国际传播学会正式设立了“组织传播小组”，就此标志着组织传播学科的真正形成。20 世纪 80 年代到 90 年代初，组织传播学的研究开始从理论的探讨转向运用各学派思想对各种社会具体过程的研究，组织决策的影响、个人如何适应组织文化以及组织冲突中的传播角色等研究开始增多。第四阶段从 20 世纪 90 年代中期开始，在网络技术与全球化发展的推动下，组织传播的研究更加多样化，主题更为多元，同时，在网络化与全球化的影响下，组织传播面临更多的困境与挑战。20 世纪 90 年代以后，西方社会开始出现了对组织传播的多种范式的探讨。比如，伯勒尔和摩根（Burrell and Morgan）提出的功能主义、解释主义、激进的人本主义和激进的结构主义等，

① 凯瑟琳·米勒：《组织传播》，袁军等译，华夏出版社，2000。

成为之后组织传播研究的重要范式[①];雷丁和汤普金斯(Reddin and Tompkins)提出了现代主义、自然主义和批判主义等范式[②];科尔曼和普尔(Corman and Poole)提出了后实证主义、解释主义和批判主义范式[③]。

著名传播学者埃弗雷特·罗杰斯认为,组织传播是发生在组织内、组织间以及组织与其环境间的传播。他认为,传播是组织的原动力,传播提供组织的一切活动。[④] 艾森伯格和古尔多认为,组织传播是一个不断调节个人创意与体制约束之间矛盾的过程,指出组织传播的核心问题是其要在满足成员的个人需求的同时,又要说服他们按照组织的需求行动。[⑤] 美国公认的组织传播学界权威学者凯瑟琳·米勒(Katherine Miller)认为,组织传播研究主要涉及组织环境是怎样影响传播过程以及传播的象征性是怎样使传播不同于其他组织活动。[⑥]

(二) 国内相关研究

1. 组织传播的概念、方法研究

国内关于组织传播的研究在 20 世纪 90 年代才出现,潘玉鹏最早提出有

---

① G. Burrell and G. Morgan, *Sociological Paradigms and Organizational Analysis: Elements of the Sociology of Corporate Life* (London: Heinemann, 1979).

② W. C. Redding and P. K. Tompkins, " Organizational Communication — Past and Present Tenses," in *Handbook of Organizational Communication*, eds. G. Goldhaber and G. A. Barnett (Norwood, NJ: Ablex, 1988), pp. 5 - 33.

③ S. R. Corman and M. S. Poole, et al. , *Perspectives on Organizational Communication: Finding Common Ground* (New York, Guilford Press, 2000).

④ 埃弗雷特·罗杰斯:《组织传播》,陈昭郎译,台湾编译馆,1983,第 10 页。

⑤ 埃里克·M. 艾森伯格:《组织传播——平衡创造性和约束》,白春生等译,北京广播学院出版社,2004,第 23 页。

⑥ 凯瑟琳·米勒:《组织传播》,袁军等译,华夏出版社,2000,第 2 页。

中国特色的组织传播理论[①]，彭凤仪将组织传播分为等级传播、多级传播过程和多种类型组织传播[②]。进入2000年以后，国内组织传播的研究仍处于学习国外相关知识的阶段，学者们逐步从传统功能主义的视角转向解释视角、批判视角来研究组织传播。黄孝俊指出组成组织的过程其实就是传播的过程。[③] 程曼丽指出，政府传播是组织传播的一种极特殊形式，可被视为一种管理行为的延伸。[④] 伴随着网络技术的发展，谢静关注到组织传播逐渐从静态、封闭的模式向动态、开放的结构模式转变，进而提出了“经由传播而组织”的组织传播新理念。[⑤] 作为国内组织传播学的知名学者，胡河宁在一系列学术论文中对组织传播概念、学科界定、研究方法、本土理论模式等进行了深入系统的研究，认为组织传播是组织通过结构与关系的象征性互动，实现组织既定目标的总和。[⑥] 这一定义以“结构”与“关系”的象征性互动，展现了组织传播的动态过程。早期学者们对传播概念、方法的解读与厘清为后继的研究奠定了重要的理论基础。

2. 中国对外话语传播研究

第一，“一带一路”中的话语传播研究。刘鹏飞、曲晓程和何睿敏在梳理了中国在“一带一路”、G20峰会、南海仲裁、世界互联网大会、里约奥运会等国际会议的话语传播后指出，我国在塑造国际形象方面正从以往的“他塑”

---

① 潘玉鹏：《建立中国特色的组织传播学》，《新闻大学》1994年第2期。
② 彭凤仪：《论组织与组织传播》，《杭州大学学报(哲学社会科学版)》1996年第3期。
③ 黄孝俊：《组织传播的研究模式及思考》，《浙江大学学报(人文社会科学版)》2001年第5期。
④ 程曼丽：《政府传播机理初探》，《北京大学学报(哲学社会科学版)》2004年第2期。
⑤ 谢静：《经由传播而组织——一种动态的组织传播观》，《新闻大学》2011年第4期。
⑥ 胡河宁：《组织传播学：结构与关系的象征性互动》，北京大学出版社，2010，第12—16页。

转为“自塑”，未来需要加强新媒体国际传播力和效果评估体系建设，加强境外媒体布局，推出适销对路的内容，学习国际经验，培养一流人才。① 项久雨从“一带一路”的角度探讨了中国价值观在国际传播中的契机和挑战，指出中国价值观国际传播面临着地缘政治的阻隔、国际舆情的左右、新媒体的冲击等难题，要制定构建多元化主体、创新内容与形式、关照多样化受众、拓展形象化载体等促进国际传播的“一带一路”策略。② 学者们的研究关注了“一带一路”背景下我国对外话语传播的一些新的特点及面临的问题，并提出了针对性的建议，为我国的对外话语传播提供了全新的思路。

第二，国际话语传播的路径研究。围绕新形势下的国际话语传播，学者们给出了不同的建议。胡正荣认为要提升国际传播能力，需要构建叙事平台、支配叙事情境、优化叙事结构等策略。③ 周敏、郅慧将情感共振、话语融通、角色调试视为国际传播能力体系构建最重要的三个方面。④ 孙作顶、刘海江梳理了中国慈善文化的历史，中国式慈善文化国际传播面临着传播主体、传播途径单一等缺陷，要通过扩大传播主体、创新传播路径等方式推进国际传播的优化。⑤

第三，减贫与国际传播研究。2021 年中国完成脱贫攻坚后，关于中国减贫话语传播的国际传播开始成为学界研究的热点问题，学者们依据专业及

① 刘鹏飞、曲晓程、何睿敏：《构建新时代国际传播能力体系的实践路径——试论我国互联网国际舆论场趋势与对策》，《中国出版》2018 年第 14 期。

② 项久雨：《“一带一路”视域下中国价值观国际传播的三重向度》，《思想理论教育》2019 年第 7 期。

③ 胡正荣：《智能化背景下国际传播能力提升与人类命运共同体构建》，《国际传播》2019 年第 6 期。

④ 周敏、郅慧、喻国明等：《共振、融通、调试：媒介化视阈下国际传播能力体系构建与创新》，《对外传播》2021 年第 8 期。

⑤ 孙作顶、刘海江：《中国慈善文化现代化内涵及其国际传播策略研究》，《现代传播(中国传媒大学学报)》2023 年第 3 期。

关注的领域从不同视角展开了研究。部分学者关注了当前减贫话语国际传播中存在的问题，侯晓素从话语内容、传播政策等方面指出当前对外传播中的问题，指出要通过加强扶贫领域对外传播帮助外界加深对中国减贫事业的认识和了解。① 梁晓敏指出当前中国减贫经验的国际宣介落后，传播内容提炼不足，减贫理论体系落后，传播方式单一②。另有相当多的学者对减贫话语国际传播的策略展开深入研究，如有学者从话语内容的角度强调要以"故事"为突破口，探讨了减贫经验的国际传播策略，强调个体经历、故事先导等方法的有效性，以个体经历带出集体成就，以故事先导替代模式先导的方式来开展减贫经验的国际传播。③ 也有学者从减贫话语逻辑的角度指出中国扶贫故事的对外传播存在叙事逻辑、话语逻辑、对象逻辑和反馈逻辑等不足，并指出要善用共情策略，以小人物、小故事彰显大道理、大逻辑，要积极构建政府主导、多方参与、融通媒体的对外传播大格局，要建立科学评估和反馈体系，在传播中精进、在精进中传播。④ 有学者从跨文化传播的角度指出中国对外传播话语应尽量贴近社会现实，具有"大局"或是"宏观"意识，诚实、具体、平等、平和、全面的话语也许是中国对外传播话语的最好模式与原则。⑤ 部分学者从宏观角度对减贫话语的传播展开研究，如贺文萍指出反贫困经验的国际传播要从宏观和微观两个角度来讲述中国的精准扶贫故

① 侯晓素：《海外媒体如何看中国扶贫》，《传媒》2018 年第 23 期。
② 梁晓敏：《知识分享是全球贫困治理的重要内容——中国减贫经验的"国际化"之道》，《可持续发展经济导刊》2020 年第 6 期。
③ 栾轶玫：《新时代中国国家叙事脱贫攻坚的对外传播》，《编辑之友》2020 年第 9 期。
④ 陈秋云、刘爱章：《中国扶贫故事对外精准传播的逻辑向度和策略进路》，《对外传播》2022 年第 5 期。
⑤ 梁凯音、刘立华：《跨文化传播视角下中国国际话语权的建构》，《社会科学》2020 年第 7 期。

事，将两种叙事方式结合起来①，姬德强提出要从话语和媒介两个方面进行持续性的创新②。另有学者强调要建立起对外扶贫的经验交流平台，形成双边和多边交流机制，特别是中国民间组织也成为中国扶贫经验对外交流的新路径，在通过对外培训、援助和投资等方式支持发展中国家减贫事业的同时，将系统总结的减贫经验向全球传播，与国际社会共同推进全球贫困治理。③ 总之，学者们从不同视角对中国减贫话语的国际传播进行了丰富的研究，这有助于我们更深入地理解减贫国际传播的现状、问题及其策略，并为后续关于减贫传播的相关研究奠定了重要的基础。

3. 社会组织传播的相关研究

社会组织在国际和国内传播中的作用和策略的研究也是研究的重点。早期的研究主要关注了非政府组织国际传播的策略，如吴飞和傅丽英以绿色和平组织为例，探讨了非政府组织在国际传播中的策略，他们提出了投其所好制造媒介事件、信息补贴、点面结合、分类对待等四种策略，为社会组织的国际传播提供了有益的参考。④ 龙小农和陈阅的研究强调 NGO 的积极作用，指出非政府组织是民意的代表，是文化价值理念的传播者和践行者，强调了 NGO 在建构国际影响力及话语权中的重要性。他们还强调了中国 NGO 在非洲的传播任务，为中国 NGO 走进非洲、服务非洲国家国计民生提

① 贺文萍：《中国精准扶贫故事的国际传播》，《对外传播》2020 年第 5 期。
② 姬德强：《中国扶贫对外传播的话语、媒介与策略》，《对外传播》2020 年第 3 期。
③ 郑嘉伟、王红续：《中国贫困治理经验的国际化总结与对外传播》，《内蒙古师范大学学报(哲学社会科学版)》2020 年第 4 期。
④ 吴飞、傅丽英：《非政府组织及其国际传播分析——以环境非政府组织绿色和平组织为例》，《中国媒体发展研究报告》2011 年第 1 期。

供了理论支持。① 宫兆轩以孔子学院的文化传播为实例，从文化的本质属性和非政府组织的议题传播分析文化作为非政府组织传播议题的可行性，并在孔子学院作为非政府组织特性的基础上阐述其文化传播的可行性模式。② 钟新指出非政府组织的专业能力与友好善意是其参与全球治理、重建信任的优势，可以传播信心与力量。③ 随着全球治理的深入，部分学者开始关注社会组织在全球治理中的话语传播现象，如黄超和吴飞的研究认为，非政府组织在全球治理中更善于运用软实力传播，采用间接传播方式，运用“自愿政策融合”“软实力＋”传播战略。④

一些学者结合实践对社会组织传播中的问题展开了研究，如邱梦华、孙士光和王雅萌的研究指出，当前上海社会组织的传播存在传播效果不佳的问题，原因在于忽视受众的单向传播，认为要改变社会组织“弱传播”的对策，既要“走新”又要“走心”，尝试将“粉丝”转化成“粉头”，留住受众并使社会组织所推崇的理念留驻于受众心中，从而增强传播效果。⑤ 周如南则从确定媒体传播策略、建立舆情监测体系和新闻发布制度等方面，为社会组织传播提供了实际操作建议。⑥ 伴随着国内外形势的发展，宋奇指出在人类命运共同体的建构中，国际传播不能重复霸权性的老路，而要通过社会组织为代

① 龙小农，陈阅：《NGO与中国在非洲国际影响力及话语权的建构》，《现代传播(中国传媒大学学报)》2013年第7期。
② 宫兆轩：《文化作为非政府组织公共议题的传播研究——以孔子学院为例》，《当代传播》2013年第3期。
③ 钟新：《传播信心与力量：非政府组织参与全球治理的历史使命》，《对外传播》2017年第5期。
④ 黄超、吴飞：《全球治理中政府间组织和非政府组织的软实力传播：发展现状与战略选择》，《中国地质大学学报(社会科学版)》2013年第3期。
⑤ 邱梦华、孙士光、王雅萌：《受众理论视阈下社会组织传播效果提升路径研究》，《东南传播》2023年第8期。
⑥ 周如南、冯敏仪：《社会组织的传播策略探讨》，《大社会》2018年第6期。

表的多元主体来进行国际公共传播。[①] 然而,我们也需要警惕西方国家利用NGO对发展中国家进行渗透的风险,刘小燕和王洁的研究揭示了西方国家如何通过资助和间接资助策略,利用NGO对发展中国家进行渗透。[②]

国内外学术界对社会组织反贫困国际合作与话语传播的多维度研究,为社会组织的减贫话语传播奠定了坚实的理论与实践基础,随着中国社会组织国际化的不断深入,对该领域的研究也呈现出持续拓展与深入的态势。当前学界对社会组织参与反贫困国际合作的阶段、特点、模式以及面临的挑战等进行了系统深入的分析,为我们理解社会组织在国际减贫合作中的角色和贡献提供了宝贵的视角和知识。然而,当前对社会组织在减贫话语国际传播中所发挥的作用的研究在质量和数量上都仍显不足,对社会组织在国际减贫话语传播中的策略、效果和影响力等方面的系统性分析仍然较为欠缺,对社会组织如何通过国际合作项目有效传递中国减贫经验和模式的研究也较为缺乏。此外,对于社会组织如何利用多种传播渠道和工具,以及如何构建起全方位的沟通合作机制以增强减贫话语的国际传播力和影响力的研究也相对不足。为了更全面地理解社会组织在国际合作与话语传播中的作用,为社会组织提供更有效的传播策略,促进其在全球减贫事业中的积极参与和贡献,本研究试图从社会学、传播学、国际关系等多学科视角展开综合分析。具体而言,本书将从以下几个方面对现有研究做出推进:

其一,进行纵向的历史梳理,分析中国社会组织参与反贫困国际合作的

① 宋奇、李智:《人类命运共同体视域下社会组织的国际公共传播研究》,《现代传播(中国传媒大学学报)》2022年第12期。

② 刘小燕、王洁:《政府对外传播中的"NGO"力量及其利用——基于西方国家借NGO对发展中国家渗透的考察》,《新闻大学》2009年第1期。

演变过程，以及国际非政府组织参与中国反贫困合作的历史进程。

其二，展开横向的实践探究，聚焦中国社会组织在反贫困国际合作与话语传播中的具体行动，包括其合作模式、作用、特点及所面临的问题和挑战。同时，通过比较西方发达国家非政府组织在反贫困国际合作中的经验和成效，揭示中国社会组织在国际合作与话语传播中的不足和未来的发展方向。

其三，构建机制和路径，探索中国社会组织如何更有效地参与反贫困国际合作与话语传播。这包括在国家层面建立话语传播的支持机制，在社会组织层面打造高效的话语传播体系，并从传播主体、传播内容、传播受众、传播模式和传播渠道等多个维度出发，提出具体可行的路径建议。

第二章

中国社会组织反贫困国际合作的历程

中华人民共和国成立后，在很长一段时间里，中国参与国际反贫困的主要形式是对第三世界国家开展援助。在对外援助的六十多年时间里，中国向 166 个国家和国际组织提供了近 4 000 亿元人民币的援助，为发展中国家培训各类人员 1 200 多万人次，派遣 60 多万援助人员①。改革开放以后，中国真正开始了大范围的、有规模的反贫困国际合作，特别是 1995 年第五届世界妇女大会在北京的成功举办，直接推动了更多的中国社会组织走出国门。20 世纪 80 年代的中国民间组织数量不足 500 家，而截至 2022 年年底，全国社会组织数量达到 89.13 万个，一部分社会组织走出国门，投身到反贫困国际合作中，为全球减贫事业贡献中国力量。

---

① 崔晨涛:《"一带一路": 马克思主义哲学实践观的当代逻辑》,《汉江师范学院学报》2019 年第 2 期。

第一节　社会组织反贫困国际合作的背景

非政府组织是国际上对政府组织之外民间组织的通称，国际上通常简称 NGO。1995 年在北京举办的第四届世界妇女大会上，我国首次引入 NGO 这个概念。非政府组织最早在西方社会引起关注，是因为它担负起了一部分在政府和市场失灵时本应由这些机构负责的社会责任，因而被称为“第三部门”“非营利组织”等。在全球化发展的过程中，非政府组织可以有效补充各国政府在全球治理中的失能现象，全球各类国际组织通过在贫困治理中的通力合作，为全人类的减贫事业贡献力量。中国社会更多的是以“民间组织”或“社会组织”来指称西方社会所说的“非政府组织”。

一、社会组织反贫困合作的国内背景

（一）经济高速发展

中国社会组织参与反贫困国际合作的最直接动力是经济能力的提升和经济条件的改善。改革开放以后，和平与发展成为时代的最强音，在“贫穷不是社会主义”“以经济建设为中心”的理念下，消除贫困成为经济建设的主要目的。从 20 世纪 80 年代初到今天，在四十余年国内经济高速发展的情况下，国内生产总值增长迅速，并于 2010 年一跃成为世界第二大经济体。在综合国力及经济能力显著提升的情况下，中国社会和中国人民的慈善意识显著增强，捐助能力明显提高，社会组织在发展中也不断积累着"走出去"参与反贫困合作的现实能力。

（二）国际政治地位提高

经济上的迅速发展自然推动了中国国际地位的提高。在政治上，中国是联合国安理会五大常任理事国之一，是二十国集团(Group of 20，G20)等国际组织的重要成员国，倡导并设立了亚洲基础设施投资银行(Asian Infrastructure Investment Bank, AIB)等机构，外交战略能力不断提升。在国际减贫合作体系中，中国是减贫成就最为突出的国家，并且已经成为世界第四大对外援助国。① 在综合实力、政治地位得到显著提升的情况下，中国也在一系列会议及政策文件中不断表达着想要参与国际事务的意愿，并表明了要承担起负责任大国的意愿和决心。2013 年，中国发布了《2015 年后发展议程中方立场文件》，提出在 2015 年以后的国际社会发展议程中，"中国愿继续与世界各国分享经验，包容互鉴，促进共同发展……作为最大的发展中国家，中国将继续坚持和平发展合作共赢，始终不渝走和平发展道路，始终不渝奉行互利共赢的开放战略，推动建立以合作共赢为核心的新型国际关系"，这是中国较早清晰提出的建构新型国际关系的目标。2014 年，"十三五"规划纲要明确提出，中国要扩大科技教育、医疗卫生、防灾减灾、环境治理、野生动植物保护、减贫等领域的对外合作和援助，要加大人道主义援助力度，要主动参与联合国 2030 年可持续发展议程。2015 年，国家主席习近平在出席第七十届联合国大会时指出，中国将始终做全球发展的贡献者，坚

---

① 卢光盛、熊鑫：《国际减贫合作的体系变化与中国角色》，《云南师范大学学报(哲学社会科学版)》2020 年第 1 期。

持走共同发展道路，继续奉行互利共赢的开放战略，将自身发展经验和机遇同世界各国分享。同年10月，习近平出席减贫与发展高层论坛，发表《携手消除贫困　促进共同发展》的主旨演讲，系统阐述了中国的全球贫困治理观。2017年，党的十九大报告强调“始终做世界和平的建设者、全球发展的贡献者、国际秩序的维护者”。2018年4月，国家国际发展合作署成立，进一步向世界表明中国要开展国际合作的意愿。2021年出台的“十四五”规划进一步提出，“中国要深化对外援助体制机制改革，优化对外援助布局，要向发展中国家特别是最不发达国家提供力所能及的帮助，要加强医疗卫生、科技教育、绿色发展、减贫、人力资源开发、紧急人道主义等领域的对外合作和援助，要积极落实联合国2030年可持续发展议程”。这一系列的政策发言无不向世界各国表明中国在对外援助和国际发展合作上的意愿和决心，同时也表达了中国想要树立负责任大国形象的意愿。

（三）社会组织迅速发展

改革开放以后，中国社会组织发展迅速，截至2022年年底登记数量已达89.13万个。在社会组织数量不断增长的同时，社会组织的整体发展从零散状态发展到组织化、规范化、专业分工明晰化的阶段，进入从救助向资助和发展转变的阶段，已具备相当成熟的经验和能力，传播理念、扩大影响、进军国际成为先进社会组织顺理成章的选择。① 与此同时，中国社会组织经过四十余年的国内发展实践，已经积累了丰富的工作经验与能力，他们在乡村扶贫、灾害救援、帮扶弱势群体、环境保护以及社区服务等领域表现突出，多年

① 赵佳佳、韩广富：《中国社会组织“走出去”扶贫问题探析——以社会组织在非洲的扶贫活动为例》，《贵州师范大学学报（社会科学版）》2016年第4期。

的专业积累为他们在发展中国家开展减贫工作打下了坚实的基础。中国社会组织在国际化的过程中,在环境保护、贫困治理、人权等领域发挥着越来越重要的作用,而借助于在国内参与并积累的丰富的反贫困实践经验,中国社会组织有能力、有责任向全球各国人民分享减贫经验,帮助贫穷落后国家摆脱贫困。

二、社会组织反贫困合作的国际背景

(一)和平与发展成为新的时代主题

经历了第二次世界大战以及战后长期的冷战,20 世纪 70 年代末,世界终于迎来了以“和平与发展”为时代主题的新纪元。中国也结束了长达三十年的“战争与革命”阶段,迈入了改革开放的新时期,经济发展成为全球各国的共同追求,此后中国开启了长达四十余年的经济高速发展新篇章。随着 21 世纪的到来,经济全球化趋势日益加强,全球各国之间的交往和联系变得越来越密切,世界正逐渐转变为一个联系紧密的地球村。各国政府和人民也致力于携手合作,共同应对全球贫困、环境恶化、传染病流行等各种全球性挑战。

(二)贫困问题的全球化

根据《2022 年全球粮食危机报告》,截至 2022 年,全球 58 个国家和地区约 2.58 亿人口面临着严重的粮食不安全问题。由于发展能力有限,这些发展中国家的经济增长缓慢,工业化进展迟滞,贫困与饥饿仍是这些国家面临的重大难题,特别是在全球新冠疫情、地区冲突等多种因素的影响下,全球贫困问题越发严重。根据世界银行的预测，未来可能会有1亿多人口陷入极端贫困，而全球脱贫进程也面临着巨大的停滞和倒退的风险。

（三）全球贫困治理的兴起

在全球化浪潮的影响下，世界格局从20世纪70年代开始发生了重大变化。一方面，世界经济一路蓬勃发展，人们充分享受着全球经济繁荣的硕果；另一方面，诸如贫困、环境污染等全球性问题层出不穷，其复杂程度和牵涉面之广让人类社会面临前所未有的挑战。人们逐渐认识到，依靠单一国家力量已无法有效应对这些复杂问题。因此，超国家、多层次的全球治理机制应运而生，以寻求更全面、更有效的解决方案。全球治理倡导多元主体共同开展国际合作，强调参与全球治理的主体除了传统意义上的主权国家，还应该包括正式及非正式的国际组织、跨国公司等。很多国家已将全球治理视为对外援助战略的重要组成部分，并在本国的外交行动中推动非政府组织参与全球各类治理活动，在此过程中民间外交的作用不断凸显，国家的软实力也得以提升。越来越多的非政府组织参与全球贫困治理，并在贫困、环境及传染病等问题上展开合作，必将对世界政治、经济发展产生深远影响。

（四）国际减贫合作的新发展

联合国、世界银行和其他官方发展援助机构组成的全球国际减贫合作体系，对发展中国家减贫工作作出了显著的贡献，但近些年来全球局势也开始出现了一些新的变化。首先，世界经济出现持续的低迷，发达国家开始出现了逆全球化的浪潮，在此情况下全球减贫合作的规模开始收缩。其次，随着中国、印度等国家经济地位的提升，它们在国际减贫合作中的投入日渐增多,话语权不断提升,它们也开始以一种积极的态度推进全球贫困治理。这一时期国际减贫合作的另一个显著变化是,非政府组织通过项目实施、技术支持和资金援助等方式越来越多地参与全球贫困治理,它们在全球反贫困事业中扮演着越来越重要的角色。此外,各类私营部门,包括跨国公司、私营基金会也开始更多地参与到反贫困活动中,通过企业社会责任项目、慈善捐赠、合作伙伴关系等方式,为反贫困工作提供资金、技术和其他支持,推动全球反贫困国际合作的进展。

(五)跨国合作机制的建立

为了更有效地应对贫困问题,国际社会建立了多种跨国合作机制,如全球发展伙伴关系、多边发展银行、区域发展基金等,这些机制为社会组织提供了资金支持、技术援助和政策建议,以帮助其在反贫困工作中发挥更大作用。此外,在国际社会对消除贫困和提高人民生活水平共识日益增强的情况下,多个国际会议,如联合国千年首脑会议、可持续发展目标峰会等,都强调了减贫的重要性,并制定了具体的行动计划,这些都为社会组织提供了指导框架和合作机会。

(六)新技术为国际减贫合作提供新机遇

数字化技术能够打破地域限制,促进信息共享和资源整合,提高援助的效率和精准度。例如,利用大数据分析和人工智能技术,可以更加准确地识别贫困人口的需求和援助效果,为国际合作提供更加科学和有效的支持。同时,移动支付、在线教育、远程医疗等技术手段可以帮助社会组织更有效地服务贫困人群。

第二节　中国社会组织国内反贫困历程

在不同的历史时期,中国社会组织根据形势发展的需要而加入国内的反贫困进程中。向德平、黄承伟在《中国反贫困发展报告(2014)》一书中将中国社会组织在国内的反贫困历程分为起步期、成长期及深化期。[①] 结合新时期的发展变化,我们将中国社会组织国内反贫困历程分为探索起步阶段、快速发展阶段、深化成长阶段和乡村振兴推进阶段。

一、探索起步阶段(1970—1989 年)

中华人民共和国成立后相当长的一段时间内,中国政府采取的是大包大揽的管理模式,即行政事务和社会事务都由政府负责,社会组织的合法性一度受到质疑,自然很难开展相关活动。直到中共十一届三中全会以后,中国民间组织的活动空间得到释放,随后在政府的推动下,社会组织开始有序地参与扶贫工作。这一时期能够参与扶贫开发的主要是官办的社会组织,采取的是行政化模式。也就是说,在资金募集上,以政府动员或其他行政化方式为主;在援助方式上,以简单的救济式扶贫为主;在与政府的关系上,领导人由政府机构任命,工作人员纳入公务员或事业编制;在组织管理上,组

---

① 华中师范大学、中国国际扶贫中心:《中国反贫困发展报告(2014):社会扶贫专题》,华中科技大学出版社,2014。

织架构简单,基本与政府机构类同,出现组织外形化等。[①] 在这个阶段,通常由政府向贫困户提供物资援助,改善其基本的生产生活,辅以项目和技能培训,提升受助对象的各种能力。根据相关数据,1989 年年初,全国社会团体达 1 600 多个,比“文化大革命”前增长 16 倍,地方性社会团体也由 6 000 多个猛增到近 20 万个,增长了 33 倍。[②] 特别是在教育扶贫领域,社会组织的行动最为迅速,中国青少年基金会、中国宋庆龄基金会等在教育领域开展了各种各样的项目,极大地改善了改革开放初期贫困地区的教育状况。总之,在社会组织参与扶贫的探索起步阶段,由于国家尚未出台具体的政策来鼓励社会组织参与减贫工作,同时也没有成立专门的管理机构来有效引导和监管这些组织的活动,因此这一时期社会组织参与国内扶贫的工作总体上呈现较为混乱的状态。由于社会组织、政府与受援群体之间缺乏有效的配合和协作,缺乏必要的沟通和资源整合,社会组织在这一阶段参与的反贫困工作影响力相对有限。

二、快速发展阶段(1990—1999 年)

20 世纪 90 年代,随着改革开放的深入推进和社会经济的快速发展,中国社会组织迎来了成长的春天。这个时期涌现了大量具有专业技能和本土特色的非政府组织,如中国扶贫基金会、中华慈善总会等,这些组织的成立和活跃为中国的扶贫事业带来了新的活力和动力,也极大地推进了中国减

---

① 田凯:《非协调约束与组织运作——中国慈善组织与政府关系的个案研究》,商务印书馆,2004,第 72 页。

② 王名:《中国民间组织 30 年:走向公民社会》,社会科学文献出版社,2008,第 220 页。

贫事业的发展。1994 年,国务院颁布的《国家八七扶贫攻坚计划(1994—2000 年)》中特别提到要“充分发挥中国扶贫基金会和其他各类民间社会团体的作用”,既彰显了中国政府对贫困问题的重视和解决贫困问题的决心,又标志着社会组织在中国反贫困工作中的角色和作用被正式写入国家政策文件,得到了政府层面的明确支持和鼓励。这一政策为社会组织参与扶贫工作提供了广阔的空间和平台,并指引和激励更多的本土社会组织结合自身的专业优势,通过多种形式参与到扶贫工作中,如有的组织通过教育扶贫,帮助贫困地区的儿童接受教育;有的通过健康扶贫,提高贫困地区的医疗卫生水平;还有的组织致力于产业扶贫,帮助贫困地区发展经济,增加当地居民的收入。这些社会组织的扶贫工作,不仅有效地缓解了贫困地区的困境,也为中国的反贫困事业积累了丰富的经验,摸索出中国式的减贫模式。总之,在 20 世纪 90 年代,中国社会组织在国内反贫困领域迎来了快速发展的新阶段,这一时期,社会组织的数量和质量都有了显著增长,它们在反贫困工作中的作用和影响力不断增强,这些都为后续的反贫困战略和政策制定提供了宝贵的经验和坚实的基础。

三、深化成长阶段(2000—2020 年)

进入 21 世纪以后,减贫成为中国社会发展中具有战略意义的重要工作。作为多元社会治理体系的重要构成部分,中国政府在多项关键政策文件中均明确强调了社会组织在扶贫工作中的合法地位和不可或缺的关键作用。这些政策的相继出台,极大地激发了社会组织参与中国减贫事业的积极性和热情,为中国在减贫领域取得的成就作出了重要贡献。2001 年 10 月,国务院新闻办公室在《中国的农村扶贫开发》白皮书中强调,党和政府应继续“发挥社会各界在扶贫开发中的重要作用,并积极创造条件,引导非政府组织参与和执行政府扶贫开发项目”,在随后的多次会议中均强调了社会组织在扶贫工作中的角色和作用。在中央政策理念的支持下,中国社会组织迅速发展,特别是在2008年汶川地震发生后,有300多个社会组织投入灾后重建,一部分社会组织随后深入农村地区开展各项反贫困活动。党的十八大以后,随着中国进入精准扶贫阶段,国家出台的各类政策文件中都强调要广泛动员和引导社会组织参与脱贫攻坚,2014年1月中共中央办公厅、国务院办公厅印发的《关于创新机制扎实推进农村扶贫开发工作的意见》强调,要“更加广泛、更为有效地动员社会力量,构建政府、市场、社会协同推进的大扶贫开发格局”;同年11月,国务院印发的《国务院关于促进慈善事业健康发展的指导意见》明确了社会组织要重点开展慈善活动,并指出要“要加快出台有关措施,以扶贫济困类项目为重点,加大政府财政资金向社会组织购买服务力度”;当年12月,国务院办公厅印发的《关于进一步动员社会各方面力量参与扶贫开发的意见》指出,要“积极引导社会组织扶贫,要对社会组织开展扶贫活动提供信息服务、业务指导,鼓励其参与社会扶贫资源动员、配置和使用等环节,建设充满活力的社会组织参与扶贫机制”;2015年10月党的十八届五中全会通过的《中共中央关于制定国民经济和社会发展第十三个五年规划的建议》强调,要“激励各类企业、社会组织、个人自愿采取包干方式参与扶贫”。从这一系列政策文件中我们可以看到,社会组织参与中国减贫事业已成为国家发展的重要战略之一。随后相当多的社会组织开展了与农村扶贫与发展相关的项目,一些扶贫项目和公益品牌带来了很好的社会效益和影响力,如中国妇女发展基金会的“母亲水窖”,中国儿童少年基金会的“安康计划”等项目极大地改善了妇女与儿童的处境。中国扶贫基金会的爱加餐项目、爱心包裹项目、新长城助学项目、小额信贷项目、母婴平安 120 行动项目等，惠及了大量的贫困人口，取得了很好的社会效益。2018 至 2020 年，全国社会组织参与脱贫攻坚累计投入就高达 54 亿元，实施项目超过 9 万个，受益人口达 1.1 亿人次。[①]

四、乡村振兴推进阶段(2021 年至今)

在乡村振兴战略背景下，社会组织继续积极参与国家重大战略，为推动中国减贫事业的发展作出新的贡献，乡村振兴战略不仅是农业和农村的现代化，更是农村社会的全面发展和提升，这为社会组织提供了更广阔的舞台和更多的发展机遇。在新的历史时期，除了在教育、医疗、产业扶贫等传统领域发挥作用外，社会组织还可以在金融扶贫、电商扶贫、旅游扶贫等新兴领域进行有益的探索和实践，促进农村经济发展，帮助农民扩大销售渠道，增加农民收入。此外，社会组织还可以通过专业化的服务和创新性的项目，帮助贫困地区改善基础设施，提高公共服务水平，促进地方文化的传承和发展，进而增强社区的内聚力和居民的幸福感。随着社会组织在乡村振兴中的积极参与，它们与政府、企业和其他利益相关方的合作更加紧密，可以形成一个多方参与、共同推动乡村振兴的局面。总之，社会组织在乡村振兴中的贡献，不仅体现在经济层面的帮扶上，更体现在社会、文化、环境等多维度的综合发展上，这必将为中国的减贫事业和乡村振兴战略提供重要的支撑。

① 赵宇新：《阔步走在中国特色社会组织发展之路上——“十三五”时期社会组织工作综述》，《中国社会组织》2020 年第 24 期。

第三节　中国社会组织国际反贫困历程

中国社会组织在中华人民共和国成立初期，由于政策、经济以及自身发展水平的限制，很少有机会参与国际反贫困合作。进入21世纪后，中国社会组织在国内反贫困领域取得了显著成绩，并得到了政府的认可，中国政府开始意识到社会组织应当参与到国际反贫困事业中，并在官方援助中引入了这些组织，以此鼓励通过民间途径加强国家间的沟通和交流，部分社会组织因此开始走出国门。我们将中国社会组织参与国际反贫困分为官方援助、初步涉外和全球合作三个阶段。

一、官方援助阶段(1949—1980年)

从中华人民共和国成立到改革开放近30年的时间里，由于受国内经济低迷及世界两极化的影响，中国社会组织较少参与国际反贫困合作。这一时期主要由官方向亚非拉等第三世界国家提供国际援助，以帮助这些落后的发展中国家摆脱贫困，而政府参与的援助大多带有“意识形态”色彩，主要目的是维护中国的国家安全和政治发展。这种援助对于刚刚成立的中华人民共和国来说意义深远，既提高了中国的国际形象，又提升了中国的国际地位。这一阶段，中国的对外援助多以红十字会或其他人民团体的名义开展，政府对是否援助、援助的数额和形式拥有决定权。也有少量的官办社会组织参与到针对非洲的援助中，据学者冯佐库在《中非友协对非民间外交工作的回顾》一文中的统计，1949 年至 1960 年，非洲 41 个国家和地区的 1 000 多位民族解放组织的领导人、爱国知识分子及工会、妇女组织的代表和各界人士曾通过民间渠道访问中国。① 而从国内来看，截至 1960 年，中国非洲人民友好协会共由 20 个人民团体组成，专门负责开展针对非洲的友好交往活动。从 1963 年开始，中国一直向非洲国家派遣医疗队和专家团队开展技术培训和医疗援助，如中华全国青年联合会、中国红十字会等非政府组织致力于帮助落后的国家改善其基本的医疗条件和医疗技术，极大地提高了受援国的医疗卫生水平，这在当时的外交援助中是极为少见的。总的来说，这一时期社会组织参与反贫困国际合作多是在官方渠道开展的，资金和人员构成等方面都主要依赖于政府，而针对非洲开展的援助活动是官方援助的重要组成部分。

二、初步涉外阶段（1980—2000 年）

改革开放以后，中国在大力发展国内经济的同时，也积极参与国际减贫交流合作，为发展中国家持续提供援助，同时中国政府也通过外交渠道，积极吸引外资服务国内扶贫开发。这一时期中国政府开始有意识地推动社会组织拓展向外发展的空间，20 世纪 90 年代以后，有少量的社会组织开始开展对外交流，1995 年后随着世界妇女大会在北京的召开，特别为申奥和加入世界贸易组织等开展的一系列外事活动都极大地提升了中国的国际形象，社会组织在其间发挥了重要的内引外联作用，如成立于 1995 年的中国青少

① 冯佐库：《中非友协对非民间外交工作的回顾》，《公共外交季刊》2012 年第 3 期。

年发展基金会海外合作中心，积极争取海外资源服务于国内项目，20 世纪 90 年代时该基金会约三分之一的资金来自海外或跨国公司。① 这一阶段社会组织走出国门主要通过两种方式，或是以会员的方式加入国际非政府组织，或是成立独立的国际非政府组织。在随后的国家经济体制改革中，原来依附于官办的社会组织纷纷独立出来，少数民间组织开始在境外开展项目，注册法人并开设办公室，但这样的民间组织数量极少，从事的活动也非常有限。总之，在这一时期，中国社会组织参与反贫困国际合作的范围从政治领域扩展到经济领域，合作的形式从单纯的提供援助拓展为多种形式的合作，合作的重点也从早期"输血式"的经济援助为主转变为更注重"造血式"的开发扶贫，援助的地区也从非洲进一步扩展到亚洲和拉丁美洲等更广泛区域。

三、全球合作阶段(2001 年至今)

2000 年以后，中国国内的经济发展持续向好，减贫事业也获得了巨大的成功，中国逐渐从受援国转为援助国，中国政府开始更积极地与国际社会开展合作，分享减贫经验，中国对外援助的主要目标转为促进全球减贫事业的发展。这一时期，中国仍然积极向国际社会争取扶贫援助，学习先进的反贫困理念及方法，此外，随着中国的减贫成果和减贫实践得到全球越来越多的关注与认可，中国也利用一切机会向国际社会传播我们的减贫理念和减贫模式，一些国家开始效仿中国，学习和借鉴中国的反贫困经验。2016 年，中共中央办公厅、国务院办公厅印发的《关于改革社会组织管理制度促进社会

① 邓国胜：《中国民间组织国际化的战略与路径》，中国社会科学出版社，2013，第 37 页。

组织健康有序发展的意见》进一步指引中国社会组织走向国际化发展。这一时期的反贫困国际合作主要围绕两个方面展开：

第一，开展人道主义援助。人道主义援助是中国社会组织走向国际化的一条重要路径，并且以专业化的表现获得了国际社会的广泛关注。2004年，印度洋地震发生后，中国红十字会和各地红十字会、中华慈善总会及各地慈善会负责接收善款，这是中国红十字会第一次走出国门开展大规模的人道主义救援，并参与了包括在印度尼西亚建立中国—印尼友谊村、在斯里兰卡修建中国—斯里兰卡红十字村、在马尔代夫建设灾民住房、在泰国修建中泰友谊村并修复学校和医院、在缅甸修建社区救灾中心并提供救灾物资等多项灾后重建工作。2015 年 4 月，尼泊尔的 8.1 级强震发生后，中国的志愿者和社会组织第一时间出征救援，并开始了以人道主义为主多元化的援助战略，中国的许多知名企业、普通大众也纷纷慷慨解囊，为非政府组织“走出去”提供资金支持。

第二，开展减贫合作。中国扶贫基金会采取与受援地政府和国际非政府组织合作的方式，将中国的扶贫经验向国际推广，它们主要在拉丁美洲、非洲和东亚等发展中国家开展援助活动。2000 年 9 月，中国扶贫基金会在云南省丽江市纳西族自治县创立了“母婴平安 120 行动”项目，经过多年的发展，积累了丰富的母婴项目经验。随后，中国扶贫基金会向苏丹、埃塞俄比亚推出了“微笑儿童”项目，向缅甸推出“胞波助学金”，还有“埃塞俄比亚国际水窖”等，这些项目的推广对于受援国大众摆脱贫困起到了重要的作用。此外，中国青少年发展基金会的“非洲希望工程”等项目也得到了受援国的广泛好评。

2013 年 10 月，习近平在出访中亚和东南亚国家期间最早提出共建“丝绸之路经济带”和“21 世纪海上丝绸之路”的倡议,2015 年 3 月中国正式提出“一带一路”倡议后,越来越多的中国社会组织借助于这一方式参与全球治理。“一带一路”是中国社会组织“走出去”的重要窗口,推动并加速了中国社会组织“走出去”的步伐,借助于“一带一路”的推进,社会组织走出国门的数量和速度大幅提升。2017 年 5 月,中国民间组织国际交流促进会(以下简称“中促会”)、中国当代世界研究中心等携手众多民间组织启动了“中国社会组织推动‘一带一路’民心相通行动计划(2017—2020)”“丝路沿线民间组织合作网络以及增进‘一带一路’民心相通国际智库合作项目”,160 多个中外民间组织加入合作网络,90 多个中国组织加入行动计划。中促会的会员从 2005 年的 24 家发展到 2017 年的 265 家,会员中也增加了高校、研究机构、宗教组织等多种类型的组织,较大程度上打破了原来主要由全国性社团、基金会等组成的较为单一的组织类型。2017 年 11 月 21 日,首届“一带一路”国际合作高峰论坛及首届丝绸之路沿线民间组织合作网络论坛召开。中国红十字基金会从 2017 年开始依托丝路博爱基金优化“一带一路”共建国家人道服务供给,对有迫切人道需求的人群进行人道救助。截至 2023 年 6 月底,累计投入资金近 7 000 万元,在亚洲、非洲的 26 个国家资助开展国际人道援助项目,资助领域涉及医疗救助、健康干预、社区发展、赈济救灾、志愿服务等,受益人数达 62 669 人。2019 年 4 月举办了第二届丝绸之路沿线民间组织合作网络论坛,当年的网络成员已达 310 家,涉及 69 个国家,这些成员在多个领域开展了广泛的交流与合作,人道主义、公益慈善、抢险救援等领域仍是合作的重点,当时计划在接下来的两年中,将以“丝路一家亲”行动为重点,推动共建国家的民间组织建立 500 对合作伙伴关系和 200 项民生项目。中国“一带一路”倡议的提出,无疑给社会组织的国际化带来重要的发展机遇，而2018年4月中华人民共和国国家国际发展合作署的成立，标志着中国从单纯实施“对外援助”向开展“国际发展合作”的理念转变和实践创新。受疫情影响几年后，主题为“高质量共建‘一带一路’，携手实现共同发展繁荣”的第三届“一带一路”国际合作高峰论坛于2023年10月在北京举行，来自151个国家和41个国际组织的代表来华参会，注册总人数超过1万人。社会组织正借助“一带一路”的平台走向更加广阔的世界舞台。

第四节　国际组织参与中国反贫困合作历程

在本节中，我们将梳理国际组织（包括政府间国际组织和国际非政府组织）参与中国反贫困合作的历程。之所以梳理这一部分，主要是考虑到国际组织曾经对中国社会组织的发展长期产生重要的影响，也正是它们对中国反贫困实践的积极参与，对于中国社会组织参与国内外减贫合作起到了重要的启蒙、推动作用。

一、政府间国际组织参与中国反贫困历程

中华人民共和国成立后，政府间国际组织在不同的历史时期参与到中国反贫困活动中，为中国减贫事业的发展作出了重要贡献，同时，中国本土社会组织也在政府间国际组织的帮助和支持下不断发展。参与中国减贫实践的政府间国际组织主要有三类。第一类是联合国下属的国际组织，如世界粮食计划署（United Nations World Food Programm，WFP）、联合国开发

计划署(United Nations Development Programme, UNDP)、联合国儿童基金会(United Nations International Children's Emergency Fund, UNICEF)等,它们在联合国的阶段性纲领的指导下在全球不同地区开展减贫实践,中国是其开展减贫实践的重要区域之一。第二类是一些国际金融机构,如世界银行和亚洲开发银行(Asian Development Bank, ADB),其提供的贷款在中国农村地区开展了基础设施和综合类的开发项目。第三类是一些发达国家专门设立的海外援助部门,如英国国际发展署(Department For International Development, DFID)、澳大利亚的国际开发署(Australian Agency for International Development)等双边援助机构,它们也会参与一些综合性的扶贫项目、技术援助项目以及扶贫开发机构的能力建设等。政府间国际组织参与中国减贫合作大体经历了三个阶段。

(一) 政府间国际组织参与中国反贫困的阶段

1. *初始进入期*(1981—1993 年)

在政府间国际组织参与中国反贫困的初始进入阶段,它们主要通过提供对华援助来支持中国的扶贫工作。中国开始接受国际发展援助是在 1979 年,联合国开发计划署(UNDP)批准了第一个援华方案并在中国设立代表处。1981 年,国际农业发展基金会在中国开展了第一个国际援助项目,随后,联合国儿童基金会、世界粮食计划署也开始有计划地为中国贫困地区提供援助。1983 年,中国国际经济技术交流中心成立,它是对外经济贸易部下属的机构,其主要职责是负责国际非政府组织来华的协调工作。20 世纪 80 年代中期以后,由双边援助机构开展的基础设施援建项目开始实施,主要包括修路、建渠、通电等,这些都极大地改善了贫困地区落后的交通、通信情况。1990年,国家扶贫开发领导小组联合世界银行共同完成了《中国克服农村贫困》的研究报告。这是首次由中国官方与世界主要机构开展的对中国贫困问题的全面研究,也标志着政府间国际组织与中国扶贫部门开始了直接合作,中国大规模、有组织的开发式扶贫由此拉开序幕,随后越来越多的政府间国际组织参与到中国反贫困合作中,参与其中的社会组织数量不断增多,合作的规模也不断扩大。由于合作时间短及理念上的差异,这一时期的政府间国际组织在与中国政府的合作中产生了一些误解和摩擦,其间参与中国减贫实践的政府间国际组织仍然较为分散,影响也较为有限。

2. 减贫合作活跃期(1994—1999年)

1994年,《国家八七扶贫攻坚计划》出台,这一在中国反贫困历史上具有重要意义的纲领性文件凸显了中国政府扶贫攻坚的决心,推动了政府间国际组织在中国的援助规模和援助领域的扩大。因为有了之前十余年的磨合与了解,这一时期政府间国际组织与中国政府的合作也更加默契,它们一方面配合着中国政府整体性的扶贫战略发展的需要,另一方面更为积极活跃地参与到中国的反贫困实践中。比如世界银行(WB)于1995年陆续支持四个贷款项目,覆盖9省(区)108个贫困县,贷款规模为58亿元人民币,涉及农户就业、基础设施、基本教育等方面①。1995年,中国政府批准成立了国务院扶贫办外资项目管理中心②,负责管理中国扶贫的国际合作项目,推广

① 孙若梅:《社会扶贫中的政府行为调查报告》,中国扶贫基金会,2001,第24页。

② 国务院扶贫办全称为国务院扶贫开发领导小组办公室,于1995年2月成立,于2021年2月改名为国家乡村振兴局。外资项目管理中心是扶贫领域专门从事外资扶贫开发工作的中央级项目管理机构。

国际先进的扶贫理念、扶贫项目的管理模式和方法。① 在这一阶段,政府间国际组织主要通过实施综合性的扶贫项目来应对中国的绝对贫困问题,并积极引进国际上先进的减贫方法和具体技术,这些举措不仅极大地拓宽了本土工作人员在减贫领域的视野和思维方式,还显著提升了他们的工作能力和技术水平。

3. 深化调整期(2000 年至今)

2000 年以后,随着中国经济的持续增长,政府间国际组织的援助规模逐渐缩减,特别是综合援助项目。随着全球减贫理念的不断发展,政府间国际组织更加关注特殊贫困群体及其发展能力,并推出了示范项目,这些项目覆盖了基础设施改善、教育、卫生、农村经济发展等多个领域,特别是推出了一系列社区参与和赋权项目,鼓励贫困地区的居民参与到减贫过程中,强化了他们的自我管理和发展能力。在这一时期,政府间国际组织与中国政府之间就减贫理念展开了深入的对话与交流,它们逐渐超越了早期对具体减贫方法和技术的关注,也推动了减贫合作迈向更为深入的发展阶段。同时,随着中国减贫事业取得显著成就以及国内扶贫能力不断提升,政府间国际组织在中国的角色定位也发生着转变,它们从原先的项目直接执行者,逐渐转变为政策倡导的推动者、技术支持的提供者以及成功经验的分享者。

(二) 政府间国际组织参与中国反贫困的方式

1. 与中国政府合作开展减贫项目

政府间国际组织最早进入中国时,通常与中国政府合作实施减贫项目。

① 唐丽霞:《中国对国际减贫经验的借鉴》,《团结》2016 年第 4 期。

常规的程序通常是由中国政府向政府间国际组织提交项目申请，随后双方就项目内容、方式和规模等展开深入讨论并达成共识，尽管援助资金主要由政府间国际组织提供，但中国政府也需提供一定的配套资金，并制定相关政策以支持项目实施。为确保项目顺利进行，政府间国际组织会在受援地区进行咨询、培训或考察，但由于人力有限和语言障碍，它们往往会在当地招聘人员，这无形中培养了国内最早一批参与减贫实践的专业人才，他们的减贫意识、理念和实践能力都得到了显著提升。在与政府间国际组织的交流过程中，中国政府部门也开始了解和采纳国际先进的反贫困理念、减贫技术和管理方法，这些理念、技术和方法为日后形成中国本土化的减贫模式奠定了重要的基础。

2. 与中国政府合作开展减贫研究

政府间国际组织不仅与中国政府在全国范围内实施减贫项目，还围绕农村扶贫开发进行了多项研究。在国际前沿的反贫困理念的引领下，这些研究对本土的减贫经验进行了深入的反思与总结，为未来的减贫实践和政策制定提供了宝贵的指导，如前面提及的《中国克服农村贫困》报告为我们全面、系统地了解和分析中国的贫困状况提供了深刻的洞见与启示。此外，一些政府间国际组织还针对自己关注的特定领域进行了系统、全面的研究，并提出了具体的解决方案。随着中国在减贫方面的力度不断加大，政府间国际组织也结合全球的反贫困经验和丰富的知识，对中国的扶贫开发进行了总结和评估，这种反思性的研究成果对中国的减贫实践具有很强的指导意义。

二、国际非政府组织参与中国反贫困历程

从 19 世纪开始，国际非政府组织便对贫困问题表现出高度关注，但其早

期的反贫困活动主要集中在人道主义和宗教领域。第二次世界大战以后，贫穷国家的重建问题引起了国际组织，特别是世界银行的关注。1948 年，联合国大会通过了一项决议，号召为这些国家以及其他经济上贫困的国家建立一个技术援助项目①。然而，早期的这类援助项目范围有限，非政府组织对此关注较少。20 世纪 50 年代，非政府组织开始为发展中国家提供经济、技术和其他形式的"发展援助"，但进展相对缓慢。随后，美国最大的慈善组织福特基金会（The Ford Foundation）开始拓展其海外业务，将亚洲、非洲以及拉丁美洲等第三世界国家纳入其援助范围。20 世纪 70 年代以后，国际非政府组织从数量上呈爆炸式增长，各种援助活动不断增多。这一时期，非政府组织与各个国家展开越来越多的合作，非政府组织"突然被赋予国际声望"，以至于让政府和多边组织刮目相看，从而将其视为发展中的重要行动者。② 国际非政府组织参与中国的反贫困事业主要经历了三个阶段。

（一）初步进入期（1979—1990 年）

国际非政府组织和政府间国际组织进入中国的时间基本相同，都是在改革开放以后。由于当时对中国政策仍持怀疑态度，因而它们通常采取与基层政府合作的方式来推动各类慈善项目的开展。这一时期国际非政府组织投入的资金较少、规模较小，活动也非常有限。1979 年，中国政府与联合国开发计划署合作协议的签订标志着中国开始接受国际组织的援助。1984

---

① Robert W. Cox, "International Agencies: The Emerging Framework of Interdependence," *American Political Science Review* 72, no. 4 (1978): 1523 - 1524.

② D. Lewis, *The Management of Non-governmental Development Organizations: An Introduction* (London: Routledge, 2004).

年，联合国开发计划署驻华代表处代表孔雷飒向中国政府建议，在接受国际组织援助的同时也应接受国外民间组织的援助，中国政府对此做出了积极的回应。同年，中共中央、国务院发出《关于帮助贫困地区尽快改变面貌的通知》，随后国际非政府组织积极投入我国扶贫事业，特别是中国“大扶贫”的理念提出后，它们将大量的资金投入减贫、基础教育、环境保护等多个领域中。这一年对于中国社会组织也是极具意义的一年，中国政府开始有意识地推动社会组织走出国门，并派出部分社会组织和联合国开发计划署代表团出访欧洲四国（瑞士、瑞典、英国、德国），自此中国政府与全球多个民间组织开始合作。与此同时，中国政府也积极为把国际非政府组织“请进来”创造条件，在 1985 年成立了专门的涉外社会组织联络机构，即中国国际经济技术交流中心国际民间组织联络处（中国国际民间组织合作促进会前身），并于当年接待了 19 个国外民间组织代表团来访。1986 年，交流中心与欧洲援华集团签订了第一批合作协议，开始了与国际非政府组织之间的合作。1987 年，中国国际经济技术交流中心被批准成为从事国际民间组织合作的协调机构。在随后的六年中，该中心先后与全球一百多个民间组织建立了联系，其中有 38 个民间组织与我国展开密切的项目合作，活动范围覆盖我国 13 个省、自治区，共收到来自国际民间组织的援助 5 000 多万元。[①] 全球知名的非政府组织也在这一时期开始陆续在我国开展活动，如 1987 年乐施会（Oxfam）在广东省开始实施第一个扶贫项目，1989 年国际小母牛组织（Heifer International）在我国西藏自治区启动首个项目，随后福特基金会等也陆续进入中国，并在中国广大农村地区开展了长达数十年的反贫困项目。

① 韩俊魁：《国际非政府组织在中国》，《中国周刊》2016 年第 10 期。

这些都对中国的减贫事业起到了重要的推进作用。

(二)探索发展期(1991—2000年)

20世纪90年代初,国际非政府组织在我国异常活跃,这与中国政府自身的反贫困诉求不断增多密切相关。1994年3月,《国家八七扶贫攻坚计划》颁布,这一计划从政策层面彰显了中国反贫困的意志与决心,因此也吸引了更多的国际非政府组织参与到中国的减贫实践中。中国国际经济技术交流中心与联合国开发计划署在1990年和1992年共同举办了第一、二届中国与国际民间组织合作研讨会,1992年7月22日,中国国际民间组织合作促进会正式成立,主要为国际非政府组织进入中国提供对接服务。随后,很多国际非政府组织的分支机构纷纷在中国设立,这进一步推动了它们积极地参与各地的减贫项目。乐施会作为最早在中国开展项目的国际非政府组织之一,1992年就在昆明设立了项目办公室,并由此启动了农村基础教育、社区发展、NGO发展及能力建设等项目;五年后的1997年,该机构在中国大陆投入的反贫困资金就高达1亿元人民币。1995年,第四次世界妇女大会和非政府论坛成功召开,中国人民第一次全面、直观地认识到了国际非政府组织的面貌,这次会议也极大地加快了国际非政府组织进入中国的步伐。根据学者谢晓庆的研究,1995年至1999年有约50个国际非政府组织踏上中国这片热土,开展各项活动。① 根据《在中国的国际非政府组织名录》1999年的统计,从投入的资金来看,120个国际非政府组织在中国的项目资金高达1亿美元;从开展减贫活动的区域来看,这一时期境外非政府组织的活动从东部转向了更为贫困的中西部,其在

① 谢晓庆:《国际非政府组织在华三十年:历史、现状与应对》,《东方法学》2011年第6期。

中国的影响力进一步扩大。国际非政府组织这一阶段在中国的反贫困合作,不仅为中国扶贫事业带来了大量的资金、先进的技术和理念,同时各类公益组织设立的区域办公室或常设机构不断地招收本地工作人员,实际上为中国培养了最早一批具有国际反贫困理念的本土人才。

(三) 快速发展期(2001—2010 年)

2001 年,中国加入世界贸易组织(WTO)后,国际非政府组织在中国呈井喷式增长,越来越多的国际非政府组织参与中国社会经济发展,中国政府与国际社会自此开展了更为广泛的、全方位的、多层次的合作与交流。也就是在这一年,国务院新闻办公室发布了《中国的农村扶贫开发(2001)》,这份文件中首次引入了国际非政府组织的概念,并肯定了其在中国减贫事业中的贡献,国际非政府组织在中国的减贫合作从最初的扶贫和技术援助扩展到教育、环保以及经济合作等更为广泛的领域。2001 年,《中国农村扶贫开发纲要(2001—2010 年)》出台,其中提出计划用十年时间帮助贫困地区快速摆脱贫困,这一纲要的发布极大地推动了中国扶贫事业向新的阶段迈进。在这一政策的指引下,外来资金迅速进入中国,一系列合作项目紧锣密鼓地开始实施,根据中国民间组织合作促进会的相关数据,从 1986 年到 2004 年,共有 150 多个国际非政府组织与我国建立合作关系,其中有 66 个组织向我国提供了 2.9 亿元的资金援助,这些项目遍及全国 30 多个省(自治区、直辖市),其中包括一些贫困县。而《中国发展简报》2005 年发布的国际非政府组织名录显示,在中国从事发展项目的国际非政府组织当年就超过了 300 家,年总投资额约为 2 亿美元。① 福

① 刘源:《精准扶贫视野下的国际非政府组织与中国减贫:以乐施会为例》,《中国农业大学学报(社会科学版)》2016 年第 5 期。

特基金会于1988年进入中国,到2002年,仅在西南地区开展的“乡村贫困与自然资源管理”这一个项目投入的资金就高达340万美元。而《扶贫毅行》一书介绍,从2001年到2010年十年时间,乐施会在中国的国家级贫困县(区)开展赈灾和扶贫工作,投入资金超过6亿元人民币,受益群体覆盖边远山区的贫困户、少数民族、妇女和儿童、农民工和艾滋病感染者等。① 赵黎青的研究指出,从2003年到2005年,云南省接受来自国际非政府组织的援助项目资金分别为516.49万美元、2 094.1万美元、1 082.44万美元。② 黄承伟在《中国扶贫行动》中指出,截至2010年,中国扶贫领域利用各类外资14亿美元,共实施110个外资扶贫项目,覆盖了国家中西部地区的20个省(自治区、直辖市)的300多个县,使近2 000万人口受益。③ 通过这些不同学者及机构的相关研究数据我们可以看到,这一时期是国际非政府组织在中国异常活跃的十年,无论是投入的资金、项目涉及的领域还是受益的人群,国际非政府组织在中国的投入都是全球其他国家和地区无法比拟的。

(四)收缩转型期(2010年至今)

从改革开放开始的高速经济发展,极大地改变了中国长期贫穷落后的状况,中国自2010年开始步入发展中国家的行列。特别是“神舟五号”和“神舟六号”飞船成功发射以及2008年北京奥运会成功举办后,中国的国际形象和实力都有了显著提升,这些成就使得一些国际组织开始重新审视并调整对中国发展援助的战略定位。在这一过程中,对中国的援助资金逐渐减少,

① 乐施会:《扶贫毅行》,知识产权出版社,2011,第6页。
② 赵黎青:《如何看待在中国的外国非政府组织》,《学习月刊》2006年第18期。
③ 黄承伟:《中国扶贫行动》,五洲传播出版社,2015,第80页。

规模也总体呈现萎缩趋势。为了应对这一挑战,中国政府开始有意识地对我国的减贫经验的国际化进行制度设计,2011 年出台的《中国农村扶贫开发纲要(2011—2020 年)》提出:“通过走出去、引进来等多种方式,创新机制,拓宽渠道,加强国际反贫困领域交流。借鉴国际社会减贫理论和实践,开展减贫项目合作,共享减贫经验,共同促进减贫事业发展。”这一举措不仅为中国减贫事业的持续发展提供了新的动力,也为国际社会提供了可借鉴的经验。与此同时,中国政府逐渐认识到社会组织在对外援助中的作用,并积极推动社会组织加快走出国门。2015 年“精准扶贫”方略实施以后,中国的减贫事业不断获得新的突破,中国逐渐由受援国转变为援助国,社会组织利用各种机会走出国门,传播中国减贫经验,积极开展以促进减贫为目的的扶贫外交活动。

随着国内外形势不断发展变化,中国政府开始了大范围的对在华境外非政府组织的摸排清理,2016 年 4 月出台的《中华人民共和国境外非政府组织境内活动管理法》(以下简称《境外非政府组织境内活动管理法》)对境外 NGO 及其在华活动开展进行依法管理。根据境外非政府组织办事服务平台的相关数据,截至 2022 年 11 月,在中国境内的境外非政府组织只有 671 家,与过去相比,其数量、规模以及活跃度已经发生显著的变化。尽管国际非政府组织的数量和活跃度有所下降,但它们在中国的减贫事业中仍然发挥着重要作用,中国政府将继续加强与国际非政府组织的合作与交流,共同推动全球减贫事业的发展。

三、国际组织对中国社会组织发展的影响

国际组织参与中国反贫困的实践,给中国反贫困事业带来了深远的影

响。一方面,它们为中国的减贫事业注入了大量的资金,开展的形式多样的扶贫项目极大地改善了贫困地区贫穷落后的局面,它们为贫困人口提供的能力培训大大提高了这些人口的发展能力。另一方面,通过与国际组织的合作与交流,中国扶贫一线的各级部门既学习了先进的反贫困理念,又积累了丰富的减贫经验,还在实践中掌握了多种多样的减贫方法和技术,并不断创新本土化的减贫方法和减贫策略。当然,由于文化及政治制度的差异,我们也要警惕国际组织可能给我国的社会组织发展带来的负面影响。

(一) 积极影响

1. 培养本土化的减贫人才

国际非政府组织在中国的减贫实践中曾长期发挥重要作用,为中国培养了大批本土化的减贫人才。一方面,国际非政府组织在招聘人员时,注重选拔具有本土背景和专业知识的人才,以确保他们能够在中国的偏远贫困地区开展工作。这些人才在长期的工作实践中不断学习国际的反贫困理念和技巧,积累了丰富的反贫困经验,并通过与国际非政府组织的紧密合作,不断提升自身的专业素养和实践能力,逐渐成为中国减贫事业的中坚力量。另一方面,这些人才长期身处扶贫一线,对于国内外的反贫困理念、模式、方法、实践有着深刻的认识与理解,他们不仅熟悉中国贫困地区的实际情况,还了解国际先进的减贫理念和方法,这种跨文化的视野和多元化的知识结构使他们能够更好地应对复杂的减贫挑战。未来,这些本土化的减贫人才将继续向世界"讲好减贫中国故事",他们将通过分享亲身经历和故事,展示中国在减贫领域的成就和贡献,推动全球减贫事业的发展,他们也将成为中国减贫事业与国际社会交流合作的重要桥梁和纽带。

2. 培育本土化的社会组织

为了确保项目的顺利进行并推动中国社会组织的发展，国际非政府组织在中国活动期间采取了积极的培养措施，他们培养了大量的公益组织，并开展了一系列的能力建设培训，旨在提高这些组织的项目执行能力、资源筹措能力和社区发展能力。当前中国的许多社会组织都是在国际非政府组织的直接培养、影响和支持下成立的，这种合作与培养模式不仅对中国社会组织的发展具有积极作用，而且为反贫困项目的延续和社区发展能力的提升奠定了坚实基础。韩俊魁在《境外在华 NGO：与开放的中国同行》中介绍了世界宣明会（World Vision International）在云南永胜开展的全面综合扶贫工作，在扶贫周期快要结束的时候，很多项目工作人员都在考虑这样的问题：该组织离开永胜县后，宣明会多年积累的组织成果是交给当地政府还是转移到该组织在其他贫困地区的项目点？随后宣明会中国办决定，在多年扶贫工作的基础上成立一个农民协会，以承接组织撤出永胜以后的扶贫工作。[①] 通过这种操作方式，国际非政府组织不仅保证了项目的延续性，还直接推动了本土社会组织的建设与发展。

3. 传播先进的减贫理念和方法

知名的国际非政府组织在减贫领域拥有丰富的全球经验，他们在长期的工作实践中已经形成了规范的日常运营与管理方法，这些经验和做法对中国组织的发展具有直接的借鉴和参考作用。国际非政府组织通过与中国政府和地方社区的合作，积极推广先进的反贫困理念和模式，如强调社会经济发展必须同自然资源保护和生态环境建设相协调，强调可持续发展的理念，鼓励并支

---

① 韩俊魁：《境外在华 NGO：与开放的中国同行》，社会科学文献出版社，2011，第103页。

持贫困农户积极参与项目，注重提升贫困人口的自我发展能力等，这些理念和做法对中国的反贫困事业产生了积极的启蒙作用，对中国的减贫实践产生了深远影响，推动了具有中国特色的反贫困理论和方法的形成与发展。

4. 提供资金支持与能力建设

国际组织在中国减贫事业中扮演了重要角色，它们的资金支持和技术援助为中国的减贫事业提供了坚实的物质基础和技术指导。在资金支持方面，国际组织通过捐助、合作项目等形式，为中国的减贫项目提供了必要的财政援助，这些资金往往用于基础设施建设、教育、卫生、小额信贷、农业发展等领域，帮助贫困地区提高生产力和生活质量。此外，这些组织还通过技术转移和知识分享，将先进的减贫理念、方法和技术引入中国，为中国的减贫工作提供了新的视角和工具。在能力建设方面，国际组织通过举办各种培训项目和研讨会，为中国社会组织的工作人员提供了宝贵的专业培训机会，这些培训内容包括项目管理、财务规划、社会动员、政策倡导等，有效地提升了社会组织的工作效率和效果。同时，这些组织还注重提升贫困地区居民的自我发展能力，通过教育和培训，帮助他们拥有一技之长，增强他们脱贫致富的内在动力。

（二）消极影响

在认识到国际组织为中国社会组织发展带来的积极、正面影响的同时，我们也不能忽略其存在的消极影响。

1. 依赖性风险

社会组织在接受国际组织的资助时，往往面临财务依赖的问题，因此一旦外部资金减少或中断，这些组织可能会陷入困境，甚至难以为继。此外，过度依赖外部资金可能导致项目规划和实施缺乏自主性，过度迎合外部组织的需求，而非基于本土实际情况进行设计，这不仅可能损害社会组织的独立性和自主性，还可能削弱其在内部能力建设上的投入，如培训和提升工作人员的能力，进而影响其自我成长和可持续发展。

2. 文化差异与适应性挑战

国际组织往往带有其所属国家或机构的文化背景和价值观念，这可能导致它们在中国实施项目时面临文化差异和适应性挑战，特别是西方的价值理念、运作模式和管理方法可能与中国的文化和伦理标准存在差异。同时，不同国家的社会规范和习俗也存在差异，这可能会影响项目的设计和执行。有些国际非政府组织在刚进入中国时，确实也存在由于对中国本土的文化没有充分了解而导致其所设计的项目最终难以为继的情况。对于社会组织而言，如果不能在充分尊重和了解当地习俗的基础上灵活调整项目模式，并适应受援国的法律和政策框架，那么项目的推进无疑会面临重重困难。

第三章
中国社会组织反贫困国际合作的现状与问题

从 20 世纪 60 年代开始,中国的社会组织逐渐走出国门,积极参与国际人道主义援助,并与国际社会展开了广泛的合作。国际协会联盟出版的《国际组织年鉴(2021—2022)》显示,截至 2022 年年底,全球共有国际组织 74 250 家,其中,非政府间国际组织 66 425 家,占比 89.5%,而同期民政部的数据显示,我国共有社会组织 89.13 万个,但仅有 300 多家具备参与国际活动的能力,而在这 300 多家中,只有 100 多家相对活跃,这表明中国能够参与国际活动的社会组织在数量和规模上都相当有限,且其活动主要集中在扶贫、公益慈善等少数领域。总之,中国社会组织的国际化仍处于初级阶段,其海外行动缺乏长远性和整体性的布局,也远未满足我国在受援国的整体和长期利益。

第一节　中国社会组织国际合作的制度环境

当前中国社会组织参与国际发展，主要依托于国家国际发展合作署、商务部、财政部、外交部为主的对外援助体系，以中共中央对外联络部(以下简称“中联部”)为主的社会组织国际交流体系，以民政部为主的社会组织管理体系。[①] 本部分我们将从中国社会组织参与国际发展的管理制度、法律环境和政策环境等三个方面展开梳理。

一、中国社会组织国际合作的管理制度

中国社会组织在国际合作中的管理制度主要涉及商务部、财政部、中联部、外交部和民政部等部门。以下是各部门在管理体系中的主要职责和角色。

(一) 以商务部、财政部、外交部为主的对外援助体系

中国的对外援助是以商务部(以对外援助司为主的 14 个司局)、外交部和财政部三个部门为主，23 个部委以及地方省区商务部门共同参与的一套管理体系。[②] 为了进一步提高援助效率，2008 年对外援助部国际联系机制

---

① 董强、李小云：《民间组织参与国际发展：欧洲与中国》，社会科学文献出版社，2020，第 83 页。

② 汪伟民、韩梅梅：《新世纪中美的发展援助政策：比较研究的视角》，《美国问题研究》2011 年第 1 期。

成立,三个部门在其间承担不同的职责,其中商务部负主要责任,主要负责对外援助中的政策制定、执行。随着中国参与国际事务的频率越来越高,对外援助事务的体量不断增大,援助也呈现出越来越复杂的特点,于是三个部级单位又分别成立了专门的司局来负责具体的事宜,比如商务部设立了对外援助司、国际经济合作事务局、中国国际经济技术交流中心、商务部培训中心等部门来承担对外援助的具体事宜;2012 年,外交部成立国际经济司,承担部分对外援助工作;2014 年,财政部成立国际财金合作司,也承担了对外援助的部分工作。从以上三部委在对外援助中的机构设置及主管事项可以看出,商务部仍然是对外援助最主要的管理部门,但它们在对外援助方面的相关工作又存在着交叉与重叠,这也导致了我国的对外援助工作存在效率低下、沟通不畅等问题,特别是在国际发展合作需求不断增多的情况下,这样的工作机制显然不利于我国对外援助与交流活动的开展。2018 年,《深化党和国家机构改革方案》出台以后,国家重新整合了商务部和外交部对外援助的相关工作,于当年 4 月成立并组建了国家国际发展合作署,其目的在于“充分发挥对外援助作为大国外交的重要手段作用,加强对外援助的战略谋划和统筹协调”。国家国际发展合作署的成立,极大地提高了中国对外援助的效率,推动了中国社会组织与国外的交流合作,在不同部委之间起到了较好的沟通协调作用。

(二)以中联部为主的社会组织国际交流体系

中联部在对外事务中主要承担着政策协调与管理方面的工作,而其中的党群外事协调局则主要负责协调、管理国内社会组织参与国际非政府组织活动。2017 年,中联部中国社会组织国际交流协调管理办公室开始筹备,从名字可以看出，其主要负责协调和管理社会组织在国外开展的相关活动。另外，当前中国社会组织国际交流协调管理办公室主任同时兼任中促会秘书长，中促会在推进民间组织与国际非政府组织的交流与合作方面发挥着重要的作用，而由同一个人承担管理部门与社会组织的领导职务，可见两者的关系相当密切。

（三）以民政部为主的社会组织管理体系

民政部主要负责民间组织登记注册管理工作，而下属的国家社会组织管理局则负责拟订社会团体、基金会、民办非企业单位的登记管理办法，并承担境外非政府组织在华机构的登记管理及执法监察等工作。截至目前，国家社会组织管理局尚未制定社会组织在国外设分支机构的管理规定，这大大限制了社会组织参与海外行动的能力，也抑制了其参与国际活动的积极性与步伐。

二、中国社会组织国际合作的法律环境

中国社会组织在国际合作中面临着法律环境的挑战，长期以来，缺乏健全的法律法规是制约中国社会组织参与国际发展合作的主要障碍。从 20 世纪 90 年代开始，商务部承担着对外援助政策法律的起草工作，迄今已经颁布实施的与对外援助相关的政策文件包括 2004 年的《援外青年志愿者选派和管理暂行办法》、2008 年的《对外援助成套项目管理办法》和 2021 年的《对外援助管理办法》。这些政策文件为社会组织参与国际发展合作提供了一定的指导和规范。2013 年“一带一路”倡议的提出进一步推动了中国社会组织

参与国际合作的步伐，中共中央、国务院陆续发布系列意见及通知，鼓励社会组织积极参与国际非政府组织的活动和国际交流。2016 年，《中华人民共和国慈善法》(以下简称《慈善法》)的出台标志着依法治“善”时代的到来，其中涉及境外捐赠的部分条文为社会组织参与国际合作提供了一定的法律依据。2017 年 1 月开始施行的《境外非政府组织境内活动管理法》也规范了境外非政府组织在中国境内的交流与合作，《慈善法》和《境外非政府组织境内活动管理法》分别于 2016 年和 2017 年开始施行，但这两部法律主要针对的是境外非政府组织在中国境内的活动，境内非政府组织在海外运行的相关法律尚未出台。商务部 2014 年 12 月 8 日发布了《对外援助管理办法(试行)》，这是中国在对外援助管理方面颁布的第一个综合性的部门规章，2021 年 8 月 31 日，国家国际发展合作署、外交部、商务部正式出台了《对外援助管理办法》，这部部门性的规章办法自 2021 年 10 月 1 日起施行。该文件明确指出，中国的对外援助体系鼓励并支持国内外的民间组织参与其中，因此“国内外民间组织首次具有了参与中国对外援助体系的制度空间”，特别是第十九条明确了在国内具有合法身份的社会组织(社会团体、社会服务机构、基金会)以及智库机构等社会力量都可以参与中国政府的对外援助工作，根据这项规定，国际性非政府组织以及发展中国家的非政府组织也可以参与中国政府的对外援助工作。《对外援助管理办法》是在“国内外形势发生深刻变化的重要时刻，党中央、国务院对援外工作提出了更高要求，为了加强对外援助的战略谋划和统筹协调，规范对外援助管理，提升对外援助效果”的历史背景下出台的援外领域综合性部门规章，主要包括总则、对外援助政策规划、对外援助方式、对外援助项目立项、对外援助实施管理、对外援助监督和评估、法律责任、附则等，对与外援工作相关的事宜作了一般性的规定，对于中国社会组织的国际化有着重要的指导意义。2023年年初，中国人大网公布了《中华人民共和国慈善法（修订草案）》，其中增加了一条："国家鼓励开展慈善国际交流。慈善组织接受境外慈善捐赠、与境外组织或者个人合作开展慈善活动的，根据国家有关规定履行批准或者备案程序。"这部草案虽然增加了慈善国际交流的条款，但尚未对国际合作、海外项目的运行等作具体的规定。

三、中国社会组织国际合作的政策环境

2013年10月，国家主席习近平提出"丝绸之路"的倡议后，关于社会组织在民间外交中的作用问题在一系列的讲话中被反复强调。据不完全统计，2016年1月至2019年1月，习近平共致80余次贺信，其中有3次是向社会组织或社会组织活动致贺信，充分肯定了社会组织在全球治理领域的重要作用。[①] 2016年7月，在二十国集团民间社会会议（C20）举办期间，习近平发来贺信："会议听取社会声音、凝聚社会共识，在推动政府和民间良性互动、助力全球经济治理方面发挥了重要作用。"2017年8月，习近平在中国国际发展知识中心的启动仪式上指出："希望社会组织在促进国际发展合作、推动全球落实可持续发展议程上发挥积极作用。"自"一带一路"倡议提出后，习近平更是多次强调社会组织应该有所担当。2017年11月，习近平在首届丝绸之路沿线民间组织合作网络论坛中表示："民间组织是推动经济社会发展、参与国际合作和全球治理的重要力量，建设丝绸之路沿线民间组

---

① 周鑫宇、付琳琳：《社会组织"走出去"与外交统筹能力提升》，《当代世界》2019年第5期。

织合作网络是加强沿线各国民间交流合作、促进民心相通的重要举措。”2019 年 4 月,习近平在第二届“一带一路”国际合作高峰论坛上发表重要讲话,提出要加强民间组织的往来,鼓励和支持“一带一路”共建国家民间组织广泛开展民生合作。2023 年 11 月,在第三届“一带一路”国际合作高峰论坛上,习近平强调要支持智库、媒体、社会组织进一步加强关于“一带一路”的公共沟通,有效应对关于“一带一路”的虚假消息和误读,增进各国大众对“一带一路”的理解和认知。

在国家制定的一系列“一带一路”的政策文件中,社会组织的作用数次被提及。2015 年 3 月国家发展改革委、外交部、商务部联合发布《推动共建丝绸之路经济带和 21 世纪海上丝绸之路的愿景与行动》,强调要“加强国家民间组织的交流合作,重点面向基层大众,广泛开展教育医疗、减贫开发、生物多样性和生态环保等各类公益慈善活动”,对社会组织的活动领域提出了指导性意见,随后中共中央办公厅、国务院办公厅先后发布了《关于促进社会组织参与国际非政府组织活动的通知》《关于进一步加强国际组织人才培养推送工作的意见》等倡导社会组织参与国际交流、加强国际人才培养的指导性文件。2016 年 8 月,中共中央办公厅出台《关于改革社会组织管理制度促进社会组织健康有序发展的意见》,明确社会组织在民间外交中的作用,指出“引导社会组织有序开展对外交流,参与非政府间国际组织,参与国际标准和规则制定,发挥社会组织在对外经济、文化、科技、体育、环保等交流中的辅助配合作用,在民间外交对外交往中的重要平台作用”。同年 9 月,商务部颁布《南南合作援助基金项目申报与实施管理办法(试行)》,明确提出“积极参与新建国际性社会组织,支持成立国际性社会组织,服务构建开放型经济新体制”。2017 年 2 月,《关于改革援外工作的实施意见》审议通过,其强调优化对外援助战略布局,改进援外资金和项目管理,改革援外管理体制机制,提升对外援助综合效应。这一系列的政策文件都是在鼓励国内民间组织开展国际交流与合作。“一带一路”倡议的提出,为中国社会组织走出国门提供了新的发展机遇与平台,也极大地促进了中国社会组织的国际化之路。民政部于 2021 年 9 月印发的《“十四五”社会组织发展规划》中首次提出:“稳妥实施社会组织‘走出去’,有序开展境外合作,增强我国社会组织参与全球治理能力,提高中华文化影响力和中国‘软实力’。”这一社会组织发展纲领性文件的公布,明确提出了我国社会组织国际化发展的要求,同时具体阐述了社会组织应发挥的功能和作用。在该文件的指导下,中国必将继续推进社会组织的国际化进程。

第二节　中国社会组织反贫困国际合作的方式与问题

一、中国社会组织反贫困国际合作的主要方式

中国社会组织走出国门迄今已有二十余年的时间,形成了“以中国扶贫基金会为代表的‘以我为主’的自适应模式;以壹基金为代表的依托国际救助儿童会等国际知名专业机构的‘借船出海’的战略伙伴依托模式;以爱德基金会为代表,作为国际救灾联盟的理事会成员机构,以联盟形式参与灾害应对的全流程的‘有机互融’的国际网络嵌入模式;以中国青少年发展基金会、中国妇女发展基金会为代表的,将‘希望小学’等在国内发展成熟的知名

品牌和业务模式进行国际复制的‘经验输出’模式”。[①] 众多社会组织走出国门,形成了多样的反贫困国际合作形式。因社会组织反贫困国际合作的方式与社会组织话语传播的方式存在较多的一致,因此,在本章中我们将重点介绍反贫困国际合作独有的方式,其他方式在此处将简要介绍,具体内容我们将在第四章中详细梳理。

(一) 参与国际救灾援助

中国社会组织通过人道主义援助的方式走出国门,在国际救灾援助中发挥着越来越重要的作用。2004 年 12 月 26 日,印度洋发生 9 级大地震并引发了近 200 年以来最为严重的海啸,灾害发生后,中国慈善总会第一时间进行救援并号召社会力量加入救援,由此掀起了全国性的援外募捐的热潮,也开启了中国民间组织对外救援的先河。从 2011 年到 2018 年,中国民间社会组织已参与超过 20 场重大灾害的国际救援行动,如尼泊尔地震、泰国普吉岛船难等严重灾难,以及肯尼亚旱灾、朝鲜洪灾、意大利地震等自然灾害的救助活动中都有中国社会组织的身影。近些年来,一些主要的涉外社会组织如中国扶贫基金会、爱德基金会、蓝天救援队等民间组织开展的活动涉足亚洲、非洲、南美洲、欧洲等多个国家,并向全球展现来自中国民间力量的友爱与善心。2020 年春天新冠疫情暴发后,中国社会组织积极参与到应对这场全球性公共卫生危机的行动中,中国民间组织在全球六大洲 109 个国家开展了抗疫行动,如中国扶贫基金会、马云公益基金会和阿里巴巴公益基金会向全球捐赠了包括口罩、试剂盒、呼吸机等大批医疗防护物资,中国红十字

① 张强、陆奇斌:《我国社会组织走出去的路径与挑战》,《学习时报》2015 年 11 月 16 日。

基金会设立了“抗疫国际人道援助基金”，为疫情较为严重的国家和地区捐款和捐赠防护物资。社会组织在这次疫情海外援助中呈现出一些新的特点，如非政府组织与政府、企业等合作开展援助，而援助主要以医疗物资以及捐款为主，由于新冠病毒的传染性，此次更多的是借助于网络及各类线上平台开展援助①，这些新特点反映了中国社会组织的灵活性和创新能力，以及应对公共卫生危机的快速响应能力。中国社会组织在这场全球性的灾难中，以人道主义的援助向全世界彰显着中国政府、中国社会组织、中国企业以及中国人民的人道主义关怀，秉持“大道之行，天下为公”的宽广胸襟，以乐善好施、扶危济困的侠义精神，为全球抗击灾难贡献了中国力量。这些行动也促进了国际社会对中国社会组织的认可和尊重，为中国社会组织在国际舞台上发挥更大作用奠定了基础。

（二）发展国际合作项目

发展国际合作项目是中国社会组织在全球反贫困合作中的核心策略。与紧急人道主义援助不同，这些项目旨在缓解贫困、促进经济增长和能力建设，通常包括经济援助、技能培训等多种形式。非洲地区一直是我国发展援助的重点区域，目前有众多社会组织在该地区实施各类发展项目，这些项目往往根据受援国的具体需求进行定制化设计，提供可持续的解决方案和长期发展规划。为确保项目的成功实施，这些组织通常会与当地非政府组织建立紧密的合作关系，并通过互访、实地考察、技术培训等方式加强双方的了解与合作。

---

① 张婷：《21世纪中国民间组织参与对外人道主义援助的发展特点研究》，博士学位论文，外交学院，2021。

（三）参与国际会议

参与国际会议是中国社会组织实现国际化、提升自身知名度和影响力的关键途径。其中，中促会尤为活跃，自2007年获得联合国经社理事会非政府组织特别咨商地位以来，中促会的国际地位逐渐上升，2011年，该组织又获得了联合国可持续发展大会（WSSD）咨商地位和联合国气候变化框架公约观察员资格，这无疑为其在国际舞台上代表中国社会组织发声提供了极大的便利。除了中促会，中国扶贫基金会、中国国际减贫中心等机构也频繁出现在各类国际会议上，他们积极分享中国的减贫经验和策略，不断扩大中国社会组织在国际上的影响力。通过这些会议，中国社会组织不仅能够增强自身的国际知名度，还能促进国际合作与交流，为全球性问题的解决提供中国方案和智慧。

（四）举办反贫困能力培训

自2005年以来，中国社会组织通过为发展中国家的官员提供反贫困能力培训，积极参与国际反贫困合作。2005年5月，隶属于国务院扶贫办的中国国际减贫中心成立，它是中国政府与联合国开发计划署等国际组织联合发起成立的国际性发展援助机构，以“交流扶贫经验、推进减贫进程、组织应用研究、促进政策优化、加强国际交往、推动国际合作”为根本宗旨，致力于总结、研究、交流并推广全球各国的减贫经验，促进国际社会在减贫领域的交流与合作，开展针对发展中国家减贫领域实际需求的专项培训。

二、中国社会组织反贫困国际合作存在的问题

当前，越来越多的社会组织开始走出国门，参与全球贫困治理，将中国

丰富的反贫困经验向其他国家推广，一些社会组织因其运作灵活、行动专业而在全球减贫事业中扮演着重要角色。然而，与发达国家相比，中国社会组织参与的反贫困国际合作仍然处于初始阶段，存在着参与规模有限、参与深度不足、参与目标不清、参与领域狭窄、参与人才匮乏、组织传播效果不佳等问题，社会组织的海外行动也面临着诸多困境。

（一）参与规模有限

尽管中国拥有数量庞大的社会组织，但仅有300多家具备参与国际活动的能力，而且其中活跃的仅有100多家。与西方发达国家相比，中国社会组织"走出去"的数量和规模都较小，这些"走出去"的社会组织大多是在受援国开展短期性的项目，长期性项目较少，能够在当地设立办事处的更是少之又少，中国社会组织的国际化之路同美、英等发达国家的非政府组织相比，无论是数量还是国际影响力均存在较大差距。

（二）参与深度不足

中国社会组织主要通过人道主义援助参与国际反贫困，这种方式虽能解决一时之急，但难以给受援国留下深刻印象。如在印度洋海啸、尼泊尔地震等发生后的人道主义援助，中国扶贫基金会为非洲埃博拉病毒防治进行募捐活动等，都是短期的人道主义援助；而反观发达国家非政府组织，它们都是采取资金援助、项目实施、能力培训、会议论坛、访问交流等多元化的方式，在受援国开展的项目持续时间更是长达数十年。近些年来，我们的社会组织参与国际援助的手段也在逐渐增多，但其援助的深度、广度都无法与发达国家相比。总之，中国非政府组织参与对外援助的程度不深，缺乏参与的长效机制和长期的可持续性。

（三）参与目标不清

西方非政府组织在海外开展项目具有很强的目的性，既有援助战略上的考量，也有阶段性的目标，而反观我们，由于缺乏顶层设计、战略规划和法律保障，当前我国的社会组织在海外行动时缺乏区域性的系统性布局、整体性规划、长远性设计。由于目标不明确，一些社会组织走出国门后，将主要精力放在利用项目的海外资金来壮大社会组织自身的发展，而没有从国家利益和民间外交的战略高度来规划、设计和开展项目。

（四）参与领域狭窄

从中促会的统计来看，大多数社会组织参与国际事务都局限于国际会议和区域活动，目前仅有中国扶贫基金会等少量的社会组织能够在海外设立办事处和工作执行机构。学者杨青在《对在华外国非政府组织的分类研究》一文中指出，近几十年来，国际非政府组织在我国的活动从慈善和教育等传统领域转向了环保、扶贫、社区发展、性别权利和边缘群体的援助等新领域①，从国际非政府组织在我国的参与领域的变化可以看出，非政府组织会依据全球公民兴趣点的变化而调整项目，同时，其参与的领域也会随着对受援国国情的了解而逐渐加深、拓展。但中国社会组织参与的国际活动主要集中在传统的赈灾、救援等风险小、安全系数高的领域，有少数较早开展海外业务的中国社会组织也敏锐地捕捉到了国际反贫困发展的新动向，开

---

① 杨青：《对在华外国非政府组织的分类研究》，《新远见》2008 年第 5 期。

始投身到教育、医疗卫生等新领域，但总体而言尚未形成一种风气，更没有形成自己的优势领域或品牌，缺乏国际知名度和美誉度，非政府组织之间远未形成依靠平台或网络实现资源共享、既有合力规模化发展又有专业分工的局面。①

（五）参与人才匮乏

人才短缺是中国社会组织在国际化进程中面临的又一大挑战。为了在国际舞台上发挥更大的作用，社会组织必须拥有一支专业化、复合型的人才队伍作为支撑。这些人才不仅需要具备丰富的知识储备和广阔的国际视野，还需要对其他国家的文化有包容性的理解，并且应具备较强的沟通协调能力和适应能力，以便更好地融入当地社区。然而，由于我国社会组织的国际化之路起步较晚，发展时间短，经验相对不足，因此特别缺乏那些具有全球视野、精通多种语言且擅长管理协调的复合型人才。这种人才短缺的情况不仅制约了中国社会组织在海外的发展和项目开展，也大大限制了中国社会组织国际化发展的步伐。

（六）传播效果不佳

中国社会组织主要采取人道主义援助的方式在全球开展各种援助，这种短期性的项目较少与受援国的非政府组织、受助民众及普通老百姓保持长期而密切的联系，因而难以对受援国形成持续性的影响。当前中国的社会组织大多没有在海外建立自己的办公室，难以开展长期项目，既无法在当

① 韩俊魁：《境外非政府组织的发展轨迹与中国民间组织的国际参与之路》，载王名主编《中国社会组织：1978—2018》，社会科学文献出版社，2018，第 225 页。

地大众及社会中形成长久的影响,也无法带来长期性的影响,传播效果自然大打折扣。如中国红十字会作为人道主义援助的重要组织,其援助大多限于前期的紧急人道主义救援,较少参与中长期的灾后重建工作。而反观发达国家的非政府组织通常在世界各地都建有分支机构,具有庞大的合作网络,扎根当地的时间长达十几年甚至几十年,这些社会组织既能够与当地建立深入而广泛的联系,更有机会与条件在潜移默化中经年累月地传播组织与国家的价值理念。

三、中国社会组织反贫困国际合作现状的原因分析

(一)法律支持系统欠缺

当前,中国关于社会组织管理的法律法规主要有《社会团体登记管理条例》《民办非企业单位登记管理暂行条例》《中华人民共和国慈善法》《中华人民共和国公益事业捐赠法》《基金会管理条例》等,但这些法规主要是针对国内社会组织而设。2021 年出台的《对外援助管理办法》不是针对中国海外社会组织的专门立法,但其明确了国内具有合法身份的社会组织(社会团体、社会服务机构、基金会)以及智库机构等社会力量可以参与中国政府的对外援助工作,从法律层面为社会组织海外活动的合法性提供了保证。但迄今为止,中国尚未制定关于社会组织参与国际事务及海外项目运作的专门法律,立法的缺失导致社会组织在海外设立办事处、开展国际志愿者培训、进行海外救助等活动时面临诸多困难。目前,社会组织参与的海外项目大多通过“特批”的方式进行,这种方式本身就意味着其只能是“偶发的”“暂时的”,不是“制度性”“长期性”的。正如有学者指出:“一方面,政府对外援助

的法规政策中没有建立援助领域社会组织广泛参与的渠道与机制，‘走出去’的企业在海外与社会组织合作也遇到税收、审计监督等实际操作问题。另一方面，由于法律依据、监管机制方面的制约，社会组织走出去过程中的人员、资金管理面临现实困难，尤其是人员出入境、资金外汇额度等方面的限制。”[①]这些都极大地限制了中国社会组织国际化的步伐。

（二）管理多头效率低

正如本章第一节所述，我国当前的对外援助管理体系涉及商务部(14个司局)、外交部和财政部三个主要部委，同时有23个部委以及地方省区商务部门共同参与。由于缺乏管理制度、工作机制、工作程序等方面的统筹规划，社会组织在参与海外建设的过程中如何立项、审批，资金如何管理等，皆不明确。[②]“归口登记、双重负责、分级管理、限制竞争、选择性扶持”的管理方式导致了登记管理机关办事效率低下、要求过于严格。社会组织境外活动受到多头管辖，而民政部下辖的各级社会组织管理机构权限有限、协调能力差，这导致了管理部门之间各自为政、互相推诿的现象频繁发生。社会组织一旦想要开展海外业务就面临着层层报批的复杂程序，整个审批流程结束后，海外所需的紧急援助或许已经结束，这种情况大大抑制了社会组织应有的灵活性特点，也严重阻碍了中国社会组织国际化的步伐。

---

① 章兴鸣、陈佳利：《社会组织“走出去”参与全球治理研究》，《广西社会科学》2019年第1期。

② 夏菡：《全国政协委员海丽曼：“一带一路”建设需加大社会组织参与力度》，《中国社会组织》2016年第6期。

（三）活动资金匮乏

社会组织在海外开展活动需要充足的资金支持，然而资金匮乏成为其海外行动的主要障碍之一。尽管我国经济实力不断提升，海外援助资金规模也在增长，但并未明确规定社会组织可使用的海外援助资金比例。而反观西方国家，政府的官方发展援助途径是多样的，社会组织是政府开展海外援助的重要主体，他们从立法上规定了社会组织可以获得的资金比例，这是西方社会组织可以系统布局海外项目的重要保证，如美国规定这一比例不低于15%。约翰·霍普金斯政策研究所在对美国、英国、法国、德国、日本、意大利、瑞典、匈牙利等8个国家的研究中发现，私人慈善捐赠占全部非营利收入的平均比例仅有10%，而41%的资金来自政府。① 相比国内项目，稳定的、大量的资金支持是中国社会组织开展海外项目的必要条件，资金匮乏导致社会组织只能开展短期国际项目或一次性紧急援助，这是制约我国社会组织稳定、持续、深入开展海外项目的最重要因素，也严重制约了中国社会组织的国际化步伐，有41.4%的社会组织认为他们面临的主要困难是缺乏资金。② 对外援助本身确实是一项成本高昂的行动，缺乏稳定且可靠的资金支持将导致许多工作只能停留在表层，难以深入和可持续地推进海外经营项目。

（四）项目运行风险多

中国社会组织在海外运行时面临着多种风险，除了资金和人才的匮乏，

① 莱斯特·萨拉蒙：《非营利部门的兴起》，载何增科主编《公民社会与第三部门》，社会科学文献出版社，2000，第243—263页。

② 邓国胜：《中国NGO问卷调查的初步分析》，载《中国NGO研究2001——以个案为中心》，清华大学NGO研究中心，2001，第24页。

受援国的语言、风俗及思想观念与中国存在巨大差异，这也给社会组织的日常运行带来实际困难。为了在海外顺利开展活动，社会组织的工作人员需要对受援国的文化、法律法规、语言有一定的认识和理解，并具备较强的沟通协调能力。而实际的情况却是社会组织面临着人才的极度短缺，以中国扶贫基金会为例，作为最早在海外开展项目的中国社会组织，其在非洲多国同时推进多个项目，然而，该组织在非洲的专职人员仅有6人，人手严重不足和人才短缺极大地限制了海外扶贫项目的运作。同时，中国社会组织在海外开展的反贫困合作大多集中在亚非拉等第三世界的发展中国家，这些国家经济落后，政局也不太稳定，一旦发生政治动荡可能会直接影响对华政策，进而间接影响中资企业和社会组织在海外的运行。这就意味着海外项目可能随时因时局变化而面临终止的风险。文化冲击、人员短缺、资金匮乏和政局不稳等诸多因素都可能导致中国社会组织海外项目的中断。

第三节　参与国际反贫困合作的典型中国社会组织

2006年，中国扶贫基金会率先提出国际化战略，随后中国红十字会、中促会等社会组织先后投身到国际反贫困合作的行列中，但无论从参与其间的社会组织的数量还是国际影响力来看，中国社会组织都远逊于西方的同类机构。这少数的社会组织在与西方非政府组织的交流与合作中积极学习其先进的理念、运作机制及管理模式，他们一方面积极吸引海外资源发展本国的减贫事业，另一方面也在努力扩大在海外的活动空间，加快推进其国际化的步伐。本节中我们介绍几个主要的参与反贫困国际合作的中国社会组织。

一、中国乡村发展基金会

改革开放以后,一些国际慈善机构和企业想要投入资金用以支持中国的扶贫开发,而这种资金通常需要交由慈善机构或基金会运作,在此情况下,经国务院批准,中国扶贫基金会(China Foundation for Poverty Alleviation, CFPA)于 1989 年注册成立。2022 年 6 月 21 日,经上级主管部门批准,中国扶贫基金会更名为“中国乡村发展基金会”(China Foundation for Rural Development)。2010 年,中国一跃成为世界第二大经济体,经济地位的提升使得国际社会对中国有了新的期待,中国的身份也由受援国向援助国转变,出于外交发展的新需要,中国扶贫基金会随之走出国门,盼望在国际社会发挥更大作用。中国乡村发展基金会秘书长陈红涛指出,中国扶贫基金会的“国际化基本可以分成三个阶段,不出国门的国际化、出差式的国际化、常驻式的国际化”。也就是说,在 2009 年之前中国扶贫基金会参与国际行动或国际援助,主要通过与其他国际机构合作捐钱捐物;2009 年成立国际发展部后,由专门设立的团队出差去海外执行项目;2015 年,中国扶贫基金会在缅甸、尼泊尔正式注册成立办公室,标志着其从中国本土社会组织到国际性公益组织的转变。在下面的行文中,我们将依据其历史发展的脉络来使用中国扶贫基金会和中国乡村发展基金会这两个名称。

(一) 国际化历程

中国扶贫基金会在成立之初主要致力于消除国内贫困,随着经济全球化的发展及综合国力的不断提升,基金会开始意识到其应当承担一定的国际责任,随后开始了国际化之路。2001 年 10 月,由中国扶贫基金会召开的“中国 NGO 扶贫国际会议”共有 200 多名代表和 170 多个机构参加;2002 年,中国扶贫基金会开始筹划要实现资金来源的国际化;2004 年提出要建立“国际化、人类文明驱动的民间组织”。2005 年 1 月 7 日,中国扶贫基金会与国际美慈组织(Mercy Corps)合作,向印尼海啸灾区捐赠了价值 4 438 万元人民币的药品,这是中国扶贫基金会第一次走出国门。随后的几年,中国扶贫基金会提出了更加具体化的国际化战略,特别强调要在国际救灾等领域走出国门,2007 年 4 月,中国扶贫基金会五届三次理事会决定“调查周边国家情况,择机进行国际化扩张”,提出了“向筹资性基金会转变和国际化发展”的总体发展战略。在 2009 年与 2010 年进一步认识到提升国际化战略的重要性后,中国扶贫基金会正式提出了“向筹资型机构转变和国际化发展”的战略目标,进而在未来十年完成从国内活动到国内、国际活动并重的转变。2009 年 12 月,中国扶贫基金会成立国际发展项目部,专门负责开展国际援助项目;2011 年在苏丹援建的阿布欧舍友谊医院,标志着中国扶贫基金会扶贫项目开始走向国际化;2013 年 12 月 16 日,由中国扶贫基金会主办的“国际社会责任民间论坛”向国内的社会组织同行展示了其国际化的成果,并进行了经验分享,这成为后续推动和引领其他公益组织走上国际化转型的重要起点。2015 年,中国扶贫基金会再次将战略目标调整为“致力于将其打造成以社会影响力为先导,现代慈善与公益创投为两翼的现代国际公益平台”,并于当年在埃塞俄比亚、尼泊尔、缅甸、苏丹和柬埔寨等国家开展了长期国际援助项目,同时成功注册了绿色乐园和尼泊尔办公室,这是值得中国社会组织铭记的重要时刻,因为这标志着中国扶贫基金会乃至中国社会组织的国际化向前迈出了一大步，真正实现了扎根海外，走向世界。中国扶贫基金会是中国社会组织走出去的引领者，从2004年至2021年累计投入公益慈善资金3.07亿元人民币，在缅甸、尼泊尔和埃塞俄比亚等三国注册成立办公室，拥有全职人员35名。目前，已形成了比较稳定的执行团队，公益慈善项目惠及25个国家和地区，受益人口165万人次。①

2020年年初，新冠疫情暴发后，在经历了短暂的消极被动的等待以后，中国扶贫基金会开始主动积极地面对危机，并于当年的3月27日加入中促会“丝路一家亲”抗疫活动，在尼泊尔的社区卫生洗手站设立了285个洗手桶，宣传抗疫知识，在当地获得了较大的反响，并得到多方认可。根据疫情的特殊性，中国扶贫基金会对爱心包裹和国际微笑儿童项目进行了调整，如对国际微笑儿童项目，将供餐模式转换成粮食包发放的模式，并且将这一模式从埃塞俄比亚一个国家扩展到了埃塞俄比亚、缅甸、尼泊尔、巴基斯坦四个国家开展，爱心包裹项目从美术包升级为了美术、卫生、生活、学习用品几大类的综合性学习包，并增加了知识普及类的项目。

目前，中国扶贫基金会在全球开展的活动已经从最初的国际人道主义救援转向了国际发展项目，先后在印尼、美国、巴基斯坦、日本、苏丹、柬埔寨等20个国家和地区针对不同的贫困人群开展了诸多的项目，很好地解决了这些困难群体面临的诸多问题，提高了他们的个人技能和应对风险的能力，帮助很多贫困人口摆脱了贫穷。回顾中国扶贫基金会这一路的发展，我们看到，伴随着中国经济的持续发展，中国扶贫基金会用了十多年的时间，从发展意识的觉醒、筹谋布局、成立发展项目部、发展海外扶贫项目、开展民间

① 黄浩明：《社会组织的国际化运作和专业化程度不断提升》，《中国民政》2022年第13期。

论坛到在海外注册办公室，向我们展示了一个普通的中国民间组织是如何一步步完成从国内走向国际的海外发展之路，它是中国社会组织的典型代表，也为其他社会组织的国际化起到了示范作用。

（二）主要项目

中国扶贫基金会秉持“大爱无疆，民心相通”的国际化理念，坚持“尊重当地，需求导向”的原则开展国际项目，并围绕消除贫困、零饥饿、健康福祉、优质教育、清洁饮水和体面工作等六项联合国2030年可持续发展目标，在缅甸、尼泊尔、埃塞俄比亚、柬埔寨、乌干达等国开展了发展援助项目。[①] 下面我们主要介绍中国扶贫基金会持续时间较长，获得较好的社会效益及关注度的项目。

1. 国际微笑儿童项目

时至今日，全球仍有相当数量的贫困地区儿童面临着严重的饥饿问题，中国扶贫基金会的微笑儿童供餐项目通过为发展中国家受饥儿童供餐或发放粮食，帮助受益儿童健康成长。2015年，该项目最早在埃塞俄比亚和苏丹正式启动，从2015年启动至2023年7月，国际微笑儿童项目累计筹款约6 448万元人民币，到2023年11月，国际微笑儿童项目惠及苏丹、埃塞俄比亚、尼泊尔、缅甸、巴基斯坦、阿富汗、斯里兰卡、老挝、柬埔寨共9个国家的公立学校学生，受益学生累计超过16万人。该项目在消除饥饿、提升教育和促进妇女就业方面取得了显著效果，并于2019年入选由联合国系统、世界银行等7家组织评选的“最佳全球减贫案例”。2020年，项目作为促进零饥饿

① 黄浩明：《社会组织的国际化运作和专业化程度不断提升》，《中国民政》2022年第13期。

目标的优秀案例之一入选联合国南南合作办公室评选的《基于南南合作与三方合作促进可持续发展的良好实践(第三卷)》。2021 年 2 月 14 日,微笑儿童(粮食发放)项目在尼泊尔加德满都那加郡的 4 所学校启动,1 108 名贫困学生收到来自中国的春节礼物,这也是中促会发起的"丝路一家亲"健康爱心包首次在尼泊尔发放。国际微笑儿童项目有显著的成效和深远的社会影响,预计将在未来扩展到全球更多的发展中国家。

2. 国际爱心包裹项目

2019 年 2 月 26 日,中国扶贫基金会和阿里巴巴公益基金会共同启动了"国际爱心包裹项目",该项目是响应国家"一带一路"倡议和助力构建人类命运共同体的一项具体行动,旨在提高"一带一路"沿线发展中国家有需求的小学生的基本学习条件,促进学生的全面发展,搭建友谊之桥。截至 2022 年年底,国际爱心包裹项目已经在尼泊尔、缅甸、埃塞俄比亚、柬埔寨、老挝、巴基斯坦、蒙古国、纳米比亚、乌干达、津巴布韦、菲律宾、南苏丹、布隆迪、乍得等 14 个国家落地,共惠及超过 100 万名小学生,受到了当地政府、学校和大众的一致欢迎。为了更加多元地满足受益学生的实际需求,同时积极应对新冠疫情的影响,中国扶贫基金会携手阿里巴巴公益基金会对国际爱心包裹项目进行了调整升级,新增了卫生用品,加强了卫生健康知识的普及,同时还增加了练习本、铅笔等基础文具的数量。

3. 妇女职业培训项目

中国扶贫基金会和中地海外集团开展了妇女经济赋权项目——妇女手工艺技能培训项目。项目投入约 70 万元,为埃塞俄比亚提格里及阿姆哈拉地区的 100 位妇女培训传统手工艺谋生技能,如编草篮子、石雕泥塑、纺织、首饰制作等手工技能。此外,项目通过埃塞俄比亚妇女企业网络,举办展销会,引导参加展会等方式,帮助妇女链接到市场,保证妇女的收入和项目的可持续性。

4. 国际爱心单车项目

2019 年 12 月 12 日,中国扶贫基金会国际爱心单车项目在缅甸进行试点,柬埔寨“爱心单车”项目由中国乡村发展基金会发起,哈啰公司和中远海运慈善基金会三方合作,该项目旨在将闲置自行车资源再利用,为发展中国家孩子们的短途出行提供帮助。2022 年 1 月,首批 1 000 辆共享单车被运抵柬埔寨并被分发至 4 个省的 67 所学校。2023 年 11 月,哈啰出行再次向柬埔寨贫困地区学生捐赠 2 026 辆单车,极大地缓解了贫困地区青少年的出行难题,使他们有更多机会接触优质的教育、工作、市场和社区活动。

(三) 中国扶贫基金会国际化的经验

中国扶贫基金会在国际化探索中,逐渐形成民间帮助民间、尊重当地需求、与当地合作和可持续发展四大原则①,并积累了丰富的海外项目运作经验,主要如下:

第一,明确的国际化发展战略。中国扶贫基金会在初期主要集中在国内的扶贫工作上,但随着中国经济的快速发展,该组织及时调整其战略方向,制定并实施了明确的国际化发展战略。作为中国最早有意识参与国际反贫困工作的社会组织之一,中国扶贫基金会通过周密的策划和翔实的工作方案,为国际化发展打下了坚实的基础。

第二,与受援国社会组织和国际知名社会组织合作。中国扶贫基金会

① 董强、李小云:《民间组织参与国际发展:欧洲与中国》,社会科学文献出版社,2020,第 104 页。

在其国际化进程中认识到与受援国的本土社会组织以及拥有丰富反贫困合作经验的国际组织合作的重要性,这种合作策略不仅能够加快全球反贫困国际合作的步伐,还能提高组织的援助效率。例如,在援助苏丹的过程中,中国扶贫基金会携手与当地政府紧密合作的比尔特瓦苏慈善组织,有效提升了与当地政府的沟通效率以及项目的执行效率。通过与国际知名非政府组织的合作,中国扶贫基金会不仅能够学习到宝贵的海外项目运营经验,还能利用这些组织成熟的援助体系,快速融入全球援助网络。在援助印度尼西亚时,中国扶贫基金会与国际美慈组织合作;在援助缅甸、海地等国时,基金会选择了与世界粮食计划署合作。这种合作模式极大地提升了物资和资金援助的效率,尤其是在重大灾害发生时,能够通过成熟的援助体系高效完成援助任务。

第三,积极参与联合国系统是社会组织与国际事务对接的关键。咨商地位是联合国与社会组织建立正式关系的基石,也是社会组织深入参与联合国事务和国际事务的重要途径,它被视为非政府组织进入国际主流活动的入场券。2011 年,中国扶贫基金会荣获联合国经济及社会理事会(ECOSOC)的特别咨商地位,这标志着其与联合国系统的合作进入了一个新阶段。此后,基金会与联合国的各个部门和机构展开了广泛且紧密的合作,利用联合国这一全球性机构的网络和资源,不仅扩大了其在海外的行动范围,也显著提升了中国社会组织在国际舞台上的影响力。

第四,与驻外大使馆保持密切合作。中国扶贫基金会在实施项目时,特别是在那些政治不稳定和经济欠发达的发展中国家,积极与中国驻外大使馆保持紧密合作,这种合作关系的建立,旨在确保项目能够顺利进行。通过与中国驻受援国大使馆的密切协作,基金会得以有效降低政治风险,减少项目成本,并保障项目的顺利实施以及综合效益的最大化。

(四) 中国扶贫基金会在反贫困合作中的贡献

1. 帮助国家履行了国际责任

作为中国最早一批通过民间协同方式向海外开展援助的社会组织之一,中国扶贫基金会在对受援国进行国际援助的过程中,不仅履行了自身或相关企业的责任与义务,也代表中国政府实施海外援助,履行了国家的国际责任与义务。相比官方援助,社会组织在海外开展的人道主义援助和其他形式的援助项目更加灵活多元,更容易拉近与不同国家及其大众之间的距离。

2. 传播中国减贫经验

中国扶贫基金会积极投身于国内反贫困事业,积累了丰富的减贫经验,并形成了一套成熟的扶贫模式。在参与全球反贫困的过程中,该基金会注重将本国经验与受援国实际情况相结合,根据具体情况制定更具操作性的反贫困举措,通常基金会在开展海外项目前会展开调研,在深入了解当地大众的基本诉求和文化背景的基础上有目的性地开展援助活动,他们在多地开展针对妇女及其他特殊人群的“扶贫能力培训班”建设,为当地的反贫困实践培养了本土人才。同时,通过推广成功的项目和技术,以及针对受援国有关官员和普通民众的能力建设培训,基金会有效地传播了中国的反贫困经验。

3. 扩大社会组织国际影响力

中国扶贫基金会自走向国际化以来,一面积极开展人道主义援助,一面在受援国实施发展项目来帮助落后的国家摆脱贫困,正是在中国扶贫基金会这样先期“走出去”的社会组织的影响和带动下，越来越多的中国社会组织开始尝试着走出国门，通过参加会议、发展援助项目、开展培训等多种手段来扩大其在国际社会的影响力。

二、中国民间组织国际交流促进会

2005 年 10 月，中国民间组织国际交流促进会(China NGO Network for International Exchanges, CNIE)正式成立，它是一家专门从事国际交流与合作的民间组织联合体。截至 2022 年年底，中促会有国内团体会员和个人会员 175 个，已与 198 个国外民间组织和国际多双边机构建立了合作关系，其中已与 23 个国家或地区的 109 个国外民间组织和国际多双边机构开展了公益项目合作，中促会在中国诸多社会组织中担任着“引进来”和“走出去”的重要角色。在“走出去”方面，中促会发挥其国际交流与合作、资源整合、行业引领的平台优势，并始终与国际上从事社会发展的民间组织、多双边机构保持着良好的合作关系；在“引进来”方面，中促会积极筹集国际资金，借鉴国际经验，培育国内社会组织成长，促进公益事业发展，在中国社会组织的国际化道路上起到了重要的促进和引领作用。①

(一) 民间交流与合作

中促会自成立以来，通过开展研讨会、论坛等多种形式积极与全世界各国的非政府组织开展广泛的交流与合作，为中国与世界各国的友好交流搭

① 颜克高：《中国社会组织参与对外援助 70 年：经验、问题与展望》，《国外社会科学》2021 年第 1 期。

建了重要的平台。一方面，中促会诚邀各国非政府组织代表来华交流，如由中促会举办的“中非民间论坛”受到了国内外学者、官员的热烈响应，众多国内外社会组织的领导人、学者及官员纷纷参会学习。中促会还积极与亚洲地区的国家开展形式多样的论坛、对话，比如东南亚民间高端对话、中国尼泊尔印度民间对话会、中缅民间交流圆桌会、中蒙民间对话会等双多边民间交流活动，通过一系列活动来巩固和加强中国与周边邻国的关系。中国提出“一带一路”倡议以后，中促会更是积极组织各种高峰论坛及会议，为中国社会组织走出国门提供了更为广阔的平台。2017 年 5 月 14 日，中促会借助“一带一路”国际合作高峰论坛在京召开的机会，启动了丝路沿线民间组织合作网络，随后全球有 160 多个中外民间组织加入该网络，有 90 多个中国组织加入行动计划。2020 年新冠疫情发生后，中促会发起了“丝路一家亲”民间抗疫共同行动，该行动通过物资捐赠、经验交流、派出志愿者等方式，同“一带一路”沿线和受疫情影响严重的 60 多个国家开展了 100 多个国际抗疫合作项目，举办近 200 场线上抗疫经验交流活动。这一行动不仅为“一带一路”共建国家提供了实际的物资帮助，还促进了各国之间的经验分享和合作。

（二）开展反贫困项目

对于有的开展国际反贫困合作的社会组织而言，中促会是协助其走出国门的重要推手，自成立以来，中促会在协调中外社会组织的交流合作方面起着重要作用。2009 年 12 月，中促会和中国计划生育协会等中方组织与津巴布韦新希望基金会及非洲医疗志愿者协会合作，在津巴布韦首都哈拉雷共同实施了一项旨在预防艾滋病的培训项目。2010 年 11 月，经中促会的协调,中国医生为600多名白内障患者在马拉维和津巴布韦开展了“非洲光明行”行动。2018年5月8日至12日,中促会协调了20家中国社会组织奔赴柬埔寨,与当地社会组织共同实施了中柬“丝路之友”幸福泉、湄公河“太阳村”、湄公河“光明行”“爱心包裹”“照亮前程”等项目,为中国与柬埔寨的交流与合作创造了良好的前期基础。

(三)开展国际化能力培训

近些年来,中促会与中国各类社会组织、科研机构开展了针对国内及国际人士的能力培训活动。2017年9月,清华大学社会科学院和中促会共同主办了第一期的“社会组织走出去能力建设培训班”,40家社会组织参加培训。2018年3月14—16日,中促会在清华大学举办第二期社会组织“走出去”能力建设培训班,39家社会组织派代表参加,培训班旨在深入学习领会习近平外交思想,解读社会组织参与国际非政府组织活动相关政策。2019年9月,中促会在昆明举办了“地方社会组织‘走出去’能力建设培训班”,主要针对的是“一带一路”建设民心相通重点工作、民生领域合作项目开展、机制化建设等展开授课,中国扶贫基金会和多家云南省社会组织与参训代表分享了“走出去”开展民生合作项目的成功做法和经验,全国70多家地方性和部分全国性社会组织的80名代表参加培训并进行深入交流。

(四)推动民间组织国际化发展

中促会成立的初衷是推动中国民间组织国际化发展,因此,从成立开始,中促会便积极推动中国民间组织参与各类国际活动和民间活动。2008年,中促会获得了联合国经社理事会全面咨商地位,随后中促会更是协调、推进国内大批民间组织积极参与联合国可持续发展大会、气候变化大会、非政府组织年会、人权理事会等。同时,中促会也通过在各种会议上积极发言、提交报告、主办边会和展览等方式向国际社会传递中国民间组织声音,并积极与联合国下属的各机构及国际非政府组织建立起广泛的联系。中促会还主办和参与了世界妇女峰会、亚欧人民论坛、世界社会论坛等重要的多边非政府组织活动,进一步扩大中国社会组织的国际影响力。

三、中国青少年发展基金会[①]

1989 年 3 月,共青团中央发起成立了中国青少年发展基金会(China Youth Development Foundation),其使命是通过资助服务、利益表达和社会倡导,帮助青少年提高能力,改善青少年成长环境。1989 年 10 月,共青团中央和中国青少年发展基金会发起实施了对中国农村地区青少年的教育事业产生重要影响的希望工程项目。根据 2022 年 4 月 21 日国务院新闻办公室发布的《新时代的中国青年》白皮书的数据,截至 2021 年,全国希望工程累计接受捐款 194.2 亿元,资助家庭困难学生 662.6 万人,援建希望小学 20 878 所;其中针对贫困地区的“圆梦行动”、乡村教师培训、“希望厨房”等极大地改善了农村贫困地区的教育环境,数以万计的中国贫困地区的青少年通过该项目获得了重新上学的机会。希望工程极大地促进了贫困地区教育事业的长足发展,成为我国社会参与最广泛、影响力最大的公益事业之一。下面我们通过中国青少年发展基金会在非洲开展的“希望工程走进非洲”项目来

① 此部分参考中国青少年发展基金会官方网站: https://www.cydf.org.cn。

梳理国际化之路。

联合国教科文组织发布的数据显示,截至2022年9月1日,全球仍有2.44亿6～18岁的儿童和青少年失学,撒哈拉以南非洲地区仍然是失学儿童最多的地区,有9 800万儿童失学,它也是这个数字唯一在增加的地区,贫穷、劳力不足和教育设施缺乏是非洲儿童失学的主要原因。针对非洲地区极端落后的教育状况,在联合国教科文组织的推动下,越来越多的国家对非洲实施教育援助。"希望工程走进非洲"项目由中国青少年基金会与世界杰出华商协会共同发起,使命是帮助非洲少年人人有书读,目标是在非洲贫困地区资助建设希望小学。2010年12月,中国青少年基金会"中非希望工程"项目在北京启动,并设置了与项目匹配的专门管理部门——中国青少年发展基金会海外部。这是中国青少年基金会走向国际化的标志。2011年年初,中国青少年基金会组建调研小组赴非洲开展第一次调研,广泛接触中国驻地使馆、中资企业、本土民间组织、贫困地区学校等相关利益者,对项目落地开展了实质性探讨。2011年8月,"希望工程走进非洲"正式在坦桑尼亚启动,中国青少年基金会与坦桑尼亚教育部签署了《希望工程捐助协议》。中国青少年基金会又先后与肯尼亚、纳米比亚、布隆迪和卢旺达四国政府的教育部签署了《希望小学援建合作备忘录》,最终确定首批希望工程在四国共建22所希望小学。2014年,作为中国青少年基金会希望工程资助宣战学校和希望工程职业教育助学计划的实施学校,百年职校进入安哥拉,建立了第一所海外职业学校。截至2016年,中国青少年基金会通过"希望工程走进非洲"项目筹集6 000余万元人民币,在非洲的坦桑尼亚、肯尼亚、卢旺达、布隆迪和纳米比亚援建了23所希望小学,在安哥拉建立了百年职校一所,在尼泊尔援建了友好希望小学。在国际发展领域,中国青少年基金会将目光放在了贫困青少年最集中的非洲地区，围绕教育议题，通过援建希望小学和职校的形式，开启了国际化之路。

中国青少年发展基金会的“希望工程走进非洲”项目，极大地改善了受援地区的基础教育条件，共为 26 000 名非洲儿童提供到学校接受教育的机会，使更多贫困家庭的孩子有机会通过教育来改变自己的命运，为非洲地区的和平稳定作出了贡献。中国青少年发展基金会的援助行动也受到了当地政府、大众以及媒体的积极关注。该项目不仅实实在在地帮助了非洲贫困地区儿童接受教育，还通过派遣汉语志愿者、邀请非洲艺术家来华义卖艺术品等多种形式来推动中非各领域的全面交流与合作，大大加深了不同国家人民之间的相互理解。同时，通过这一系列的援助与交流，非洲人民真实地感受到了中国政府与中国人民的友爱与善意，这对于中非的民间外交具有积极影响。总之，“希望工程走进非洲”这一项目，极大地改善了国家与国家之间、人民与人民之间的关系，这是中国建立良好外交关系的重要策略，是政府援助的一个有效补充。

第四章 中国社会组织反贫困国际合作中的话语传播

中国社会组织在参与反贫困国际合作的过程中，通过与各国政府、非政府组织及普通大众的交流、项目合作、培训、会议等方式开展话语传播，特别是近些年来，随着中国的减贫事业取得阶段性胜利，越来越多的社会组织走出国门参与全球贫困治理。中国通过系统性总结而形成的减贫“中国方案”“中国经验”“中国故事”，逐渐成为社会组织反贫困国际合作的话语传播内容，支持更多发展中国家及其人民实现可持续发展，对推动全球减贫事业具有重要意义。在本章中，我们将系统梳理社会组织与话语传播的关系，社会组织话语传播的特点、作用及角色，以及中国社会组织减贫话语传播的方式、成效，并剖析中国社会组织参与反贫困国际合作的传播实践以及存在的问题。

第一节　社会组织与话语传播

传播无疑是组织的核心要素,它不仅是组织日常运作的纽带,更是推动组织不断发展与进步的强大动力。组织传播学的杰出代表埃弗雷特·罗杰斯(Everett Rogers)曾深刻指出:“传播如同组织的生命之血,它渗透并滋养着组织的每一个细胞。”这一论述凸显了传播在组织运行中的无处不在和不可或缺性。社会组织作为社会的重要组成部分,通过话语传播来传达自身的理念、价值观和行动策略。同时,话语传播也深刻影响着社会组织的发展方向和影响力,社会组织借助话语传播与公众、利益相关者以及其他组织建立紧密的联系和沟通,进而塑造自己的社会形象并推动社会变革。因此,社会组织与话语传播之间存在着一种紧密的互构关系,两者相互促进、共同发展。

一、社会组织与话语传播的关系

(一) 组织过程是一种传播过程

随着现代社会的发展,组织形态已经发生了显著的变化。美国社会学者巴里·魏尔曼(Barry Wellman, 1999)曾经形象地描绘现代社会形态的变化: 人们开始走出了那些边界明确、结构严谨的组织而走向了以个人为中心的社会网络,组织的控制力减弱,跨越组织边界而形成的多元、动态关系则在个人生活中扮演越来越重要的角色。[①] 针对组织与传播的关系,有学者认

① 谢静:《经由传播而组织——一种动态的组织传播观》,《新闻大学》2011 年第 4 期。

为，组织过程本身就是一种传播过程。[①] 现代社会的发展，使得传统组织传播的研究从封闭、静态的结构模式向开放、动态的过程机制转移，在这一过程中，“传播”概念本身也获得了解放，从组织的一项功能，转变为组织过程的必要条件，甚至等同于组织本身。[②] 可见在现代社会中，组织与传播的关系密切，传播是组织的天然属性。非政府组织作为现代社会中不可或缺的一部分，起源于早期的传教活动，它们天然地承载着向其他国家传递自身价值观、生活方式和政治制度等使命。在积极传播组织理念的同时，非政府组织也持续地塑造并展现其独特的组织形象，从这个意义上来说，组织过程确实是一种传播过程，在这个过程中，信息、价值观、文化以及知识等在组织内部及外部得到流动、分享和创造。

（二）传播过程形塑组织形象

传播不仅是信息的简单传递，它在更深的层面上还是塑造组织形象、建立组织声誉以及促进组织变革的有力工具。有学者在对国际非政府组织实践领域的研究中指出，国际非政府组织“努力确立自己的话语体系、价值体系和行动议程；它们针对特定的政策问题建立议题网络和综合政策协调网络；它们在全球公共领域中就有关政策问题提出自己的见解；它们积极说服决策者接受自己的观点；它们抗议不合理的政策法律的出台；为了推动国际制度的民主化进程并建立合理的国际政治经济秩序，它们积极推动主权国

① L. L. Putnam, N. Philips and P. Chapman, et al., “Metaphors of Communication and Organization,” *Handbook of Organization Studies* (1999): 375－408.

② 谢静：《经由传播而组织——一种动态的组织传播观》，《新闻大学》2011 年第 4 期。

家政府和政府间国际组织实行改革”[①]。国际非政府组织的一系列行为就是一个不断向外界传播组织理念、价值观念的过程，也是向外界传播、形塑组织形象的过程。比如绿色和平组织在几十年的运行过程中，通过举办各种宣传和运动等，不断向全球不同国家、文化和民族进行话语传播，其积极向全球推广绿色和平的环保理念，并努力塑造一个“热爱和平与环保”的组织形象，这种传播过程不仅增强了绿色和平组织的社会影响力，也促进了公众对环保议题的关注和认识。总之，传播过程对于塑造组织形象具有至关重要的作用，通过有效的传播策略和手段，组织能够将其理念、价值观和目标传达给更广泛的受众，从而建立起积极的组织形象并增强社会影响力。

（三）社会组织与话语传播之间的互构关系

法国历史学家阿历克西·德·托克维尔（Alexis-Charles-Henri Clérel de Tocqueville）曾经说过：“在社团和报纸之间，存在着一种必然的联系，报纸在制造着社团，社团也在制造着报纸。”[②]这一观点揭示了社会组织与传媒之间的紧密关系，以及这种关系如何影响社会组织的发展和形象的塑造。社会组织通过传媒手段来扩大自身的影响力，传播组织理念和价值观，从而在公众心中塑造独特的组织形象，传媒不仅为社会组织提供了一个向外界展示自身理念和活动的平台，同时也可以帮助组织吸引到更多的关注和支持。组织结构既是对成员的制约，又是某种资源，而传播行为既受到了组织

---

① 徐莹：《法制化、制度化之下的积极有为——国际NGO在中国》，《绿叶》2011年第3期。

② 托克维尔：《论美国的民主》，董果良译，商务印书馆，1988，第642页。

结构的制约，又建构了组织的结构，即“传播构造组织”。[①] 这种观点强调了传播在组织发展中的重要角色。总之，社会组织和话语传播之间存在着一种互构的关系，话语传播不仅是社会组织表达自身理念和价值观的手段，同时也是塑造组织形象、建立组织声誉的重要途径，通过媒体的话语传播，社会组织的形象在传播过程中不断得到塑造和强化。

二、社会组织话语传播的模式

1948年，美国学者哈罗德·拉斯韦尔(Harold Lasswell)提出了传播过程的“5W”模式：Who(谁)，Say what(说什么)，In which channel(用什么渠道)，To whom(向谁说)，With what effect(取得什么效果)。这个模式也被称作“拉斯韦尔程式”。[②] 拉斯韦尔程式后来成为研究传播问题的基本模式。

(一) 话语传播主体

传播主体，即信息的发布者，在传播过程中占据核心地位。对于非政府组织而言，其内部成员构成了最基本的传播主体。传统的传播模式往往是单向的，即信息从传播者出发，经过特定渠道，最终到达受传者，这一过程缺乏反馈，呈现出直线的特点。然而，随着信息技术的飞速发展，当前的传播方式已发生深刻变革，信息传播逐渐从“单向传播”向“双向”乃至“多向交叉传播”转变，这一转变使得信息的流通更加多元和动态。在信息化、网络化

---

① 谢静：《组织与传播的再建构——后功能主义的组织传播学研究路径述评》，《新闻大学》2012年第2期。

② 郭庆光：《传播学教程》，中国人民大学出版社，2011，第50—51页。

的社会背景下,组织不再是信息传播的唯一主体。通过组织信息的传播,受众不再仅仅是信息的被动接收者,他们具备了筛选、改造信息的能力,并能够在无意中成为信息的二次、多次传播者。这意味着在现代社会组织的传播活动中,受众可以扮演二次、三次甚至多次的传播主体角色。由此可见,非政府组织的内部成员虽然是主要的传播者,但他们并不是唯一的传播主体,公众在聆听、参与组织宣传与活动的过程中,不仅会逐渐了解、接受和认同组织的理念,而且还会作为新的传播主体向他人传递组织的价值观,从而实现信息的持续传播和扩大组织的影响力。

(二)话语传播内容

传播者借助传播媒介将信息内容传递给受众,其中传播内容是整个传播活动的核心。不同的组织会根据自身的组织目标来制定话语传播的内容,旨在通过向全社会宣扬组织的理念和价值追求,使公众能够了解并接受这些价值理念,进而获得公众的支持,这是组织传播任务得以实现的关键。对于国际非政府组织而言,在跨国度和跨文化的信息传播过程中,尤其需要注意与国家利益之间的紧密联系,国际传播往往带有一定的意识形态色彩。在进行传播时,社会组织必须尊重国际传播的规律,深入了解他国和地区的文化和历史背景,在选择传播内容和传播方式时,需要慎重考虑,以避免因文化差异而产生文化冲突。

(三)话语传播渠道

所谓传播渠道,即传播媒介,是指信息是如何传递的。传统的传播媒介主要包括报纸、广播、电视等大众传播媒体,随着信息化时代的迅猛发展,电脑、手机等新媒体在传播中扮演着越来越重要的角色。新媒体与传统媒体最大的区别在于信息发布者与信息接收者之间的即时互动以及信息接收者和信息发布者双重身份的重合①,新媒体使得信息发布者与信息接收者能够实时互动,同时信息接收者也可以成为信息的发布者,这种双重身份的重合是传统媒体所不具备的。新媒体不仅传播速度更快,而且在传播范围和受众群体上具有无可比拟的优势。对于非政府组织来说,它们通常需要进行跨界的国际传播,在这种情况下,非政府组织更应该根据新媒体的特点来制定传播策略。利用新媒体的即时性和互动性,非政府组织可以与全球范围内的受众进行更加紧密和有效的沟通,进而提升组织的知名度和影响力。

(四)话语传播对象

话语传播的对象,即受众,是信息的接收者,这里的传播对象并非特指某个个体或集体,而是一个集合概念。简言之,任何能接触到传播信息的社会人群均可被视为话语传播对象。传播的本质是一个双向的信息交流过程,因此受众并非仅仅是信息的被动接收者,他们同样可以将反馈信息传递给传播者。对于社会组织而言,其传播对象涵盖捐赠者、政府及广大社会公众。为了传播组织理念,扩大组织影响力,进而吸引更多捐赠,社会组织需采取多种形式的宣传行动,这些活动不仅有助于增进公众对组织的认知与理解,还能为组织争取更多的支持和资源。通过有效的传播策略,社会组织可以与各利益相关者建立更加紧密的联系,推动组织的持续发展和进步。

---

① 伍庆玲、杨坤璞:《国际非政府组织在云南的慈善活动及影响》,《思想战线》2008 年第 S4 期。

(五) 话语传播效果

非政府组织话语传播的效果,主要是指非政府组织在实施话语传播策略后所取得的成果与影响。这些组织往往基于明确的目标和独特的使命而成立,所有活动均紧密围绕组织目标展开。衡量非政府组织传播效果的标准多元而复杂,以公益广告为例,当非政府组织邀请名人代言宣传组织理念时,名人效应往往能吸引更多关注和捐赠。通过此类广告传播,社会大众能更深入地了解组织的文化与理念,进而产生更多的捐赠行为,这无疑是一种积极的传播效果。然而,传播效果并非总是正面的,有时,非政府组织因自身的一些负面新闻而声誉受损,在这种情况下,传播带来的负面影响会被成倍放大,可能导致组织陷入危机。因此,非政府组织在进行话语传播时,需综合考虑多种因素,确保传播策略既能有效传递组织理念,又能避免潜在的风险和负面影响。

三、社会组织话语传播的类别

国际非政府组织利用人际传播、组织传播和大众传播来传递消息、表达立场,这已成为全球治理的新思路。非政府组织话语传播既包括对内的传播,也包括与外部开展的信息传递、公关活动、项目策划等。

(一) 组织内传播

组织内传播是实现组织目标的最重要的方式,组织内部的全体成员需要对自己的角色有清晰的认知,这是组织传播得以正常运转的前提。[①] 组织

① 陈力丹:《组织的内外传播》,《东南传播》2016 年第 3 期。

内部信息的有序传播也是一种传播组织文化的过程。非政府组织的内部传播一般有以下几种形式。

1. 工作交流

工作交流是实现组织内部传播的重要表现,一般可分为下行传播、上行传播和平行传播。所谓下行传播,通常是信息从领导层向下属层的流动,如组织规划、工作任务、人员奖惩等,这种信息的传播是单一而明确的;上行传播是指下层的信息向上层的流动过程,一般是指上层下达任务完成后下层对上层的反馈,如报告、总结、请示等;平行传播是指组织内同一层级不同职能部门之间的信息传播,平行传播通常是最为频繁的,具有开放性。非政府组织的公益性的性质,决定了大多数非政府组织的工作交流以平行传播为主,人员之间较为平等,没有太多的繁文缛节,沟通也较为顺畅,这种平等、民主的氛围较好地保证了组员之间高效的工作交流,也保证了组织目标的顺利实现。

2. 会议

会议通常是非政府组织对内传播的另一个重要途径,月度例会、季度例会以及围绕项目而展开的各种会议等都是内部传播的重要途径。为了保证工作的顺利推进,以会议的形式安排日常工作和推进项目实施是非政府组织主要的工作内容。

3. 培训

培训是非政府组织非常重要的信息传播方式,对内的培训通常包括三种。第一,对新进员工的培训,主要包括对组织的历史、组织理念、工作方式、项目情况介绍等基本的工作培训等。第二,项目培训,非政府组织的工作大多围绕着各种各样的项目来进行的,因此项目是组织的核心工作,如何调动员工来开展项目是一项基本重要的工作，非政府组织工作氛围平等自由，这有利于项目的进展及员工之间的合作。第三，相关业务培训，主要包括组织业务、政策法规解读、公益服务项目设计、执行与管理、党建工作以及公益服务项目、财务管理等。

4. 发行内刊

发行内刊也是组织内部传播的一种重要方式，如组织的工作简报和年报，主要围绕组织的项目收集相关的资料，并且选择重要的议题进行报道，这也是系列梳理、总结项目成果的重要方式。

（二）组织外传播

组织间传播、组织形象传播、组织危机传播等是组织外传播的主要途径，非政府组织通过与媒体建立关系、项目合作、参与会议或论坛、开展培训等方式传播组织的理念、价值，以实现组织目标。

1. 与媒体建立关系

第一，设立专业的组织内媒体部门开展工作。媒体资源对于非政府组织来说，是构建良好的自我形象、实现自我合法化、激发公众理解和支持、影响媒体议程设置及最终完成组织目标的关键要素。非政府组织必须利用社交媒体提供的新技术形式和内容资源来创造和扩展自身的话语机会。[①] 非政府组织大多对此有着非常清晰的认知，因此在组织的运行过程中很善于借助各种媒体来扩大组织的影响力，特别是一些国际知名的非政府组织，更是设立专门的媒体部门来配合组织的项目开展，比如乐施会早在 2008 年 9

① 黄典林：《社交媒体中国草根慈善组织的合法化传播策略——以“大爱清尘”为例》，《国际新闻界》2017 年第 6 期。

月便在北京成立了传播部,并且积极主动地介入和策划各种传播活动,包括出版物、新闻发布会、户外广告、会议活动等①,这也是很多国际非政府组织能够不断扩大其全球影响力的重要原因。

第二,与组织外的媒体建立关系。与组织外的媒体建立关系是非政府组织扩大影响力、实现组织目标的重要途径。例如,绿色和平组织非常擅长与媒体建立关系,借助媒体来发布组织的项目信息,制造各种热点事件,能够迅速锁定目标受众和媒体,并乐于向媒体补贴信息;该组织还通过让其他媒体工作者加入非政府组织,来加强与媒体的深度合作,媒体人一旦成为组织成员,传播与报道本组织的相关活动便在情理之中②,这有利于宣传组织形象和扩大组织声誉。此外,非政府组织也愿意积极与媒体开展公益项目合作,这对于双方来说是一件双赢的事情,媒体希望通过参加公益项目来进一步扩大自身的影响力,而非政府组织通过与媒体的合作能够使本组织的价值观得到更广泛的传播,特别是在公益项目的光环下,非政府组织借助媒体的力量更容易实现舆论引导的目的。

第三,开展媒体援助。媒体援助近年来已成为一些国际非政府组织的常用策略。这些组织通过向受援国媒体提供援助,旨在影响当地大众,并推动他们接受和认同特定的理念或标准。在此过程中,提供媒体援助的私人基金会不仅是意识形态的传播者,还成功地将受援媒体转变为相同意识形态的传声筒。由此可见,媒体作为传播话语内容的关键工具,在媒体援助中发挥着举足轻重的作用。值得注意的是,媒体援助不仅局限于传播话语,有时还能直接参与塑造话语内容。例如,美国的私人基金会倾向于将援助对

---

① 钟新、张钟凯:《乐施会公共外交模式分析》,《对外传播》2012 年第 4 期。
② 魏猛:《突发事件中非政府组织的舆论活动研究》,博士论文,华中科技大学,2014。

象扩展至媒体领域，这样既可以将美国希望传播的理念传递给受援国的独立媒体，同时也更容易赢得这些媒体的认同和接受。[①] 正是通过这样的方式，美国以一种更为隐蔽和微妙的方式增强了自己的话语影响力，进而巩固了其在全球的话语霸权地位。由此可见，媒体援助不仅是一种传播手段，更是一种战略工具，能够帮助国际非政府组织在受援国实现其特定的政治、经济或文化目标。

2. 开展项目合作

建立合作关系是非政府组织进行话语传播的核心策略，相较于单向对话，合作方式往往能取得更为显著的效果。通过构建合作伙伴关系，非政府组织不仅能够增进彼此间的理解和信任，还能更有效地将信息传递给外国公众。以乐施会为例，该组织擅长与政府、媒体、学术机构以及其他非政府组织建立合作关系，以推动其话语传播工作。与政府的合作使乐施会能够迅速掌握国家政策的动向，及时获取会议信息，为其参与决策提供便利。同时，通过与学术研究机构合作，乐施会能够获取学术层面的支持，为相关政策的制定提供有力的理论依据。这种基于权威性的信息更容易获得大众的信任，进而提升了乐施会的权威性和可信度。总之，建立合作关系有助于非政府组织在话语传播中取得更好的效果，提升其在社会公众中的影响力和认可度。

3. 参与会议及论坛

非政府组织积极参与各类会议和论坛，利用这些公开正式的场合来广泛传播其组织理念，倡导核心价值观，并且分享组织经验。通过这些活动，

---

① 霍淑红、张惠玲：《媒体援助、非政府组织与美国霸权的构建——对美国私人基金会媒体援助的实践考察》，《上海师范大学学报（哲学社会科学版）》2017 年第 2 期。

非政府组织不仅能够加深社会各界对其使命和工作的了解,还能够扩大自身的影响力。此外,借助不同形式的会议,非政府组织还有机会深入了解媒体的运行机制及其需求,从而提升自身的舆论引导能力。与新闻媒体的紧密合作,不仅有助于非政府组织更好地传达其声音,还能够进一步扩大组织的社会影响力。

4. 开展培训

培训是非政府组织进行外部传播的重要途径之一。培训既可以是与地方社会组织建立合作关系,如围绕项目的实施、管理等方面,为地方工作人员提供专业培训,又可以基于项目内容进行技能培训,如针对乡村女性的编织或摄影技术培训。这类培训不仅提升了参与者的技术能力,还在这一过程中潜移默化地传播了非政府组织的价值理念,如促进性别平等和增强女性经济能力等。通过这种方式,非政府组织不仅能够推动项目的顺利实施,还能推动社会变革和人们的观念转变。

第二节　社会组织对外话语传播的作用与角色

一、社会组织对外话语传播的作用

长期以来,我国的对外话语传播主要依赖政府或官方机构进行。然而,官方话语传播有时存在僵化、意识形态色彩浓厚等问题,加之国家叙事视角的有限性,使得官方的对外话语传播存在诸多的局限。在这种背景下,社会组织在对外传播中的作用日益凸显。

（一）社会组织是对外传播的“软性主体”

作为除国家和市场外的第三支力量，社会组织在社会生活中发挥越来越重要的作用。从全球发展趋势来看，特别是冷战结束后，西方的优质媒体开始在国际传播中越来越隐去传播主体的官方背景，而让富有民间、行业、专业的“软性”主体身份或形象成为传播的主体。[①] 社会组织在倡议导向、舆论营造与活动实施[②]等方面的独特作用，使其开始部分取代政府功能，在对外传播中发挥重要作用。加之社会组织本身具有“民间性、自治性和志愿性”等更具亲民性的特征而备受欢迎，因而逐渐成为对外话语传播的重要主体。

（二）社会组织是官方传播的“补充力量”

在多元化的社会中，国家并不可能将一切都纳入自身的系统中，当国家力量无法完全覆盖社会所有领域（实质上也不必完全覆盖），这些领域的工作可以交由社会组织去完成，形成对国家行政力量的重要补充。非政府组织的民间性、非营利性使得它相较于官方更能够在某些领域起到重要的作用，在对外话语传播中更易被国外受众所接受，传播的内容更容易得到他们认同。因此，由非政府组织来承担对外话语传播的一部分功能，可以有效地补充官方力量难以企及或效果不佳的地方。

---

① 胡智锋、刘俊：《主体·诉求·渠道·类型：四重维度论如何提高中国传媒的国际传播力》，《新闻与传播研究》2013 年第 4 期。

② 孙海泳：《非政府组织在美国对华战略中的角色、作用与前景》，《国际展望》2021 年第 5 期。

（三）社会组织可发挥“媒体人”的作用

从全球非政府组织的发展来看，当前非政府组织在国际事务及全球治理中发挥着越来越重要的作用，所有的非政府组织已经意识到传播的重要性，并且整体呈现出“媒介化”的趋势①，这些组织不仅致力于信息的传递，还扮演着议程设置、舆论引导等“媒体人”的角色。全球非政府组织已经自觉承担起“媒体人”的职责，它们擅长通过精心策划来扩大事件的影响力，也有部分组织试图通过媒体化的运作炮制假新闻事件，以达到其组织目的。在国际环境和媒体生态发生巨大变化的背景下，舆论事件的操作者与背后的掌控人之间的关系变得更加错综复杂、难以捉摸，这使得国际非政府组织成为当前话语传播的重要制造者之一。

二、社会组织对外话语传播的特点

在全球传播生态与传播结构不断变化的今天，传播内容、渠道、方式和主体都呈现出多样性和丰富性的特点，社会组织因其独特的属性，在国际话语传播中展现出无可比拟的优势和可能性。以下是社会组织话语传播的几个主要特点。

（一）可信赖性

第一，民间性赢得信任。非政府组织因其公益性与利他性的特点在国际社会一直拥有较高的信任度，2012—2017 年连续 6 年的爱德曼信任指数

---

① 张超义：《全球多元主体传播格局下非政府组织的话语建构》，《青年记者》2022 年第 10 期。

调查报告显示，在同样面临信任危机的四大类机构中，非政府组织一直受到相对其他机构更高的信任。[①] 非政府组织具有的民间性和非营利性的特点使其成为政府外交的重要补充，特别是在西方文化背景下，“民间”的身份相较于官方更易于赢得公众的信任。民间性还意味着非政府组织具有独立性和相对超然性，即它不是国家利益或民族利益的代言人，在其开展话语传播的过程中这种中立性和独立性更容易赢得国际社会的普遍认同，其言行也容易获得国际社会的共鸣[②]，进而推动其目标的实现。

第二，专业性建立信赖。社会组织通常在特定的领域拥有专业知识和经验，他们通常是某些领域的专家，政府部门对他们也十分信任。非政府组织在话语传播的过程中，注重倾听受援者以及其他方面的声音，在倾听中表达尊重，同时其拥有的丰富的专业性知识以及专业技能也更容易获得政府部门的信任。[③] 非政府组织通过提供专业化服务建立权威并赢得信赖，再加之在互动过程中的平等和尊重的理念，这些都是其获得信任的重要原因。

（二）灵活性

第一，社会组织传播具有出色的适应性，能够灵活应对多变情境。吕晓莉在《中国非政府组织的国际化路径研究》一文中提到：“非政府组织可以凭借其灵活性、专业性特征，在特定领域推动政府间非正式对话，在双边、多边

---

① 钟新：《传播信心与力量：非政府组织参与全球治理的历史使命》，《对外传播》2017年第5期。

② 孙发锋：《境外非政府组织为什么“能”影响中国意识形态安全》，《河南社会科学》2022年第1期。

③ 乔丽娟、吴瑛：《传播中国脱贫议程助推中国倡议成为全球共识》，《对外传播》2021年第4期。

外交中发挥桥梁、纽带作用。”[①]这一特性使得非政府组织能够根据不同情境和需求，迅速调整传播策略和手段，确保传播信息的针对性和有效性；同时，这种灵活性和创新性还可以增强非政府组织在国际事务中的影响力，也为其在复杂多变的国际环境中持续发挥积极作用提供了有力保障。

第二，社会组织传播可以灵活补充和强化官方外交。非政府组织因其灵活性的特点，能够在多个领域发挥独特且不可替代的作用，特别是在一些官方直接介入可能面临复杂程序或政治敏感性的情况下，非政府组织的民间性质使其能够采取更为灵活和多样的策略来处理问题。众多国际实践案例表明，当政府在国际传播中遭遇困境时，非政府组织的民间“援手”往往能够恰到好处地提供援助，解决一些官方难以应对的棘手问题，进而有效缓解官方外交压力。通过其灵活、多样的传播手段，非政府组织不仅能够补充官方外交的不足，还能在特定领域强化官方外交的效果，共同推动国际关系的发展。

（三）多元性

第一，社会组织话语传播可以代表不同群体利益。社会组织在结构和目标上极具多样性，涵盖了从环保、人权到经济发展等多个领域，这种多样性意味着它们能够代表不同的社会群体、专业领域和利益诉求。与单一的官方声音相比，社会组织能够提供更多元、更丰富的视角和观点，反映社会的多样性和复杂性。这使得它们在对外传播中不仅能够传递更全面的信

① 吕晓莉：《中国非政府组织的国际化路径研究》，《当代世界与社会主义》2012 年第 6 期。

息，还能够促进不同文化、不同观点之间的交流和理解。

第二，社会组织在话语传播中承担不同角色。无论是行政、经济还是文化领域的社会组织，它们都可以在对外话语传播中发挥独特的作用和影响，比如那些本身就肩负着某些国家行政职能的社会组织，可以实际承担起政府的某些职能，企业组织可以通过对产品的宣传来传播企业的形象，而媒体组织本身就是国家传播的重要渠道，它可以通过信息的传递来宣传国家形象，这些分布于不同领域的社会组织可以在对外话语传播中担任不同的角色并承担不同的使命。

（四）可“涵化”性

20 世纪六七十年代，美国传播学者格伯纳等人在有关电视暴力的研究中指出，大众媒介中的传播内容往往具有一定的意识形态倾向，它们躲藏在综艺娱乐和新闻报道中并通过潜移默化的方式影响人们的现实观和社会观，这就是最初的涵化理论。[①] “涵化理论”认为，大众传媒在信息传播过程中带有一定的目的性与倾向性，不知不觉改变人们的认知。[②] 非政府组织通过项目合作、培训、文化交流、会议等多种形式的传播活动，采用了一种更为潜移默化的方式，以达到改变受众价值观的效果。这种隐蔽的方式不仅实现了组织理念的传播，还能够与受众建立更为紧密的联系。同时，运用这种策略，非政府组织还能够更加有效地推广其价值观，并赢得公众的信任和支持。

---

① 曾江华、赖扬华：《自媒体视域下大学生价值观认同机制研究——基于广州地区高校的调查分析》，《华南理工大学学报》2017 年第 4 期。

② 贾方婧、焦若薇：《“涵化理论”视角下新媒体营销模式的发展探究》，《采写编》2022 年第 1 期。

三、社会组织在话语传播中的角色

非政府组织不仅可以传播组织自身的价值观念,还可以推动和传播本国价值观,一般认为非政府组织传播价值观时具有相当的隐蔽性,被称为政府“沉默的伙伴”,因而在现代社会中颇受政府的青睐。不同性质的非政府组织在国际话语传播中通常承担着不同的角色和功能。一般来说,非政府组织在话语传播中承担着以下角色。

(一) 价值理念的创造者和倡导者

第一,非政府组织是自身价值理念的创造者和培育者。自创立伊始,非政府组织就秉持着独特的价值理念和精神追求,这些理念追求不仅塑造了组织的内在灵魂,也赋予其深远的社会使命。作为组织文化的核心,这些价值理念在组织的漫长发展历程中不断沉淀、提炼,最终形成了具有鲜明特色的核心价值观念。这些理念对内引导着组织的发展方向,凝聚着成员的力量,激励着他们为实现共同目标而努力;对外则展示了组织的独特风貌,使其能够更好地适应外部环境的变化,同时辐射出积极的社会影响力。

第二,非政府组织是自身价值理念的传播者和倡导者。非政府组织通常基于一定的价值理念和行动目标而成立,并通过一系列的活动来唤醒公众对相关问题的认识。非政府组织的目标是通过组织成员自身对其理念的认同而后经传播来影响和改变其他社会成员的意识和行为,理念的传播成了非政府组织必不可少的追求之一。在许多非政府组织所擅长的议题领域，非政府组织能够成为价值观念的倡导者，具有某种形式的权威，也致力于传播其价值观念、权威和将其施加于其他行为体。[①] 国际非政府组织在社会动员和社会倡导上具有“先天的优势”，它们灵活多变的传播手段使之能够更多地吸引、调动、组织社会公众的关注度和参与度，为组织发展赢得更多社会资源、支持和理解，从而保证组织理念的实现和持续深入的传播。[②] 很多非政府组织在长期的实践中都很擅长使用倡导策略来提高公众对其设置议题的认识，从而在传播活动中提升自己的知名度，这些非政府组织通过特定的主题，利用各类媒体来引导公众关注相关问题，并在潜移默化中改变公众的认知，从而改变其行动。例如，乐施会利用在哥本哈根气候大会期间在会场内外组织不同形式的倡导活动，如签名活动、真人秀、图片展、网络宣传和推广等，旨在吸引公众对谈判进程保持持续关注，而在 2011 年德班气候大会召开期间，突破性地利用了网络这种新媒体来开展倡导和推广活动。[③]

（二）信息的咨询者和政策的决策者

传播从本质上来说是一种信息的传播，组织可以通过大众传媒、官网、自媒体平台等多种传播媒介向外传播活动的信息和项目运行的情况，进而提升知名度和美誉度。很多非政府组织的专家是在某一领域内有着专业知识的代表，因此向其他组织或个人提供某种技术、法律或政治方面的专门知识便是其重要的功能之一。非政府组织还可以为国际社会提供各种智力服务，如帮助它们收集资料，研究、起草文件等咨询和信息服务，这本身也是向

---

① 刘贞晔：《非政府组织及其非传统外交效应》，《国际观察》2012 年第 5 期。

② 余越：《国际非政府组织战略传播研究——以绿色和平组织与孔子学院为例》，博士学位论文，上海大学，2016。

③ 钟新、张钟凯：《乐施会公共外交模式分析》，《对外传播》2012 年第 4 期。

国际社会表达和宣传自己观点的重要时机，也是其重要的工作职责之一。此外，非政府组织在自己的专业领域，也可通过对政府提出意见和建议而成为政府部门签约的咨询机构。

非政府组织有能力通过多种途径，如提供咨询、提出建议、进行游说等对各国政府以及政府间组织产生显著的影响。它们致力于确保自身的理念与诉求能够在官方决策过程和法律文书中得到体现，从而以间接的方式参与到国际决策层面。比如 1992 年里约环境与发展高峰会议上，来自 170 多个国家的大约 2 000 个非政府组织的代表共 3 万多人云集里约，除多方游说政府代表外，还在官方会议同期召开了非政府组织全球论坛，在 14 天的论坛期间共举行了 350 次正式会议和 1 000 多次非正式讨论会，向高峰会议提出了自己起草的 30 多个模拟条约文本，这些文件的相当多内容被官方会议所吸纳，促成高峰会议通过了反映非政府组织主张的《里约环境与发展宣言》和《21 世纪议程》。[①] 这次会议被视为联合国与非政府组织关系史上的一个里程碑，此后，联合国在举办涉及多个领域的全球性大会时，都会邀请非政府组织的代表以观察员的身份参与。在官方会议的筹备阶段以及决策过程中，联合国会积极广泛地征询并吸纳非政府组织的意见和主张，从而确保决策的全面性和多元性。

（三）舆论的引导者和社会运动的发起者

非政府组织非常善于发酵舆论，从而引导事情朝着自己期望的方向发展。非政府组织强调伦理、人权、公正的主张带有强烈的道德色彩，容易被

---

① 饶戈平：《论全球化进程中的国际组织》，《中国法学》2001 年第 6 期。

底层大众接受,公众对非政府组织的信任度已经显著高于对政府和企业的信任度,这使得非政府组织更有能力塑造公众舆论,进行社会动员。① 当非政府组织促成这样的联盟时,它们能够构建一个统一战线,跨越不同的民间社会行动者,将那些直接受影响或关注同一问题的人有效组织起来并达到自己的目的。②

(四) 本国文化和价值观的传播者

非政府组织主要起源于西方传教士的宗教活动,天然地承担着将其自身的观念、价值取向和行为规范传播到外部世界的使命。在现代,非政府组织与本国政府经常相互配合,通过组织海外活动,与不同国家和大众进行沟通和交流,传播本国的价值理念。尽管非政府组织具有公益性和独立性,但它们与本国政府之间的联系是不可避免的,特别是在大多数非政府组织的资金来源于本国政府拨款的背景下,传播本国价值观往往成为其获得官方资助的先决条件。"实际上,当 NGO 向政府申请经费时,它们就已经进入了官方根据自身'意识形态'偏好、政策焦点和优先程度设定的项目范围。"③以美国为例,其政府的援助项目优先考虑地缘战略利益和民主自由价值观的传播,NGO 与官方之间存在共享的文化和核心价值观。以价值观为重要内容的软实力传播正成为当今世界重要的国际现象,非政府组织通过积极参

---

① 柳建文:《"一带一路"背景下国外非政府组织与中国的国际区域合作》,《外交评论》2016 年第 5 期。

② M. Bolton and T. Nash, "The Role of Middle Power-NGO Coalitions in Global Policy: The Case of the Cluster Munitions Ban," *Global Policy* 1, no. 2(2010): 172 - 184.

③ 吴敖祺:《NGO 外交的中国使命》,《文化纵横》2011 年第 2 期。

与各种领域的全球治理活动将本国的价值观念传递给其他国家。[①] 总之,西方国家对外援助的更深层次目标在于传播本国的文化和价值观,而不仅仅是追求短期的政治和经济利益。

(五) 国家形象的塑造者

国家形象是一国在国际社会中给人们留下的印象,良好的国家形象一旦形成,会使其他国家和大众更愿意与其展开交流,更愿意以一种包容的态度去理解和接纳这个国家及其大众的思想和行为。国家形象的塑造是一个全方位、多层次的系统工程,需要中央和地方、政府和民间的共同参与。长期以来,官方在塑造国家形象方面扮演着重要角色。然而,近年来,个体、企业及非政府组织也逐渐成为塑造国家形象的重要力量。从传播效果的角度来看,非政府组织通过积极参与全球贫困治理、环境保护、教育事业和卫生保障等对外援助活动,向受援国大众展示了自己的文化与价值理念,这些活动不仅帮助了受援国,同时也提升了援助国的国家形象。以日本为例,第二次世界大战后日本的非政府组织在塑造本国形象方面发挥了重要作用。为了改善国际形象,日本向海外派遣了众多非政府组织,以前所未有的热情和奉献精神深入贫困落后或动荡不安的国家和地区,开展了形式多样的难民救助、卫生保障、环境重建和可持续发展等工作。这些行动帮助日本树立了一个"和平、民主、亲善"的国家形象,赢得了国际社会的广泛尊重和认可,也成功塑造了一个全新的日本形象。可见,非政府组织在塑造国家形象方面的作用不容忽视:通过实际行动和对外援助,向世界展示了本国的文化和价

---

① 王蕾:《非政府组织在公共外交中的作用》,《长春理工大学学报(社会科学版)》2014年第9期。

值观,提升了国家在国际舞台上的形象和地位。

第三节　中国社会组织反贫困国际合作中话语传播的实践

现代非政府组织与政府紧密合作,通过与各国大众沟通交流,积极开展海外活动,传递组织的价值观和本国的价值理念,这是其作为国际非政府组织的基本职责。尽管中国社会组织参与反贫困国际合作的时间有限、活动规模相对较小,但它们也在努力向世界传递中国声音。

一、中国社会组织减贫话语传播的方式

2020 年,中国取得了脱贫攻坚的阶段性胜利,并开始了对反贫困经验的系统梳理与全面总结。同时,中国政府积极与世界各国以及参与减贫的国际组织,如世界银行、联合国开发计划署、世界粮食计划署等,分享减贫经验,旨在为其他仍处于贫困中的国家和地区提供有益的参考。在这一过程中,中国社会组织扮演了对外交流的关键角色,它们不仅加大了与其他国家在减贫方面的合作力度,还通过投资、培训和援助等方式,积极向外传播中国的减贫经验,支持发展中国家的减贫事业,为推动全球减贫进程作出重要贡献。

(一) 主办或参与举办国际论坛和会议

第一,举办国际会议传播中国反贫困经验。目前,中国已形成了以官方

组织与国际组织共同举办的常设性的国际论坛或会议来分享中国的减贫经验，如中国国务院扶贫开发领导小组主办的“减贫与发展高层论坛”和中国国际减贫中心、世界银行等联合举办的“中国扶贫国际论坛”，对传播中国减贫方案起到了重要的推动作用。2018年，中国国际减贫中心、中国互联网新闻中心、世界银行、世界粮食计划署、联合国粮农组织、国际农业发展基金、亚洲开发银行等7家机构首次联手发起了“全球减贫案例征集活动”，并召开了全球减贫伙伴研讨会。2019年10月在北京举行的“分享减贫实践，助力全球贫困治理”的中国扶贫国际论坛中，共有来自13个国际组织、30个国家的200多位中外嘉宾出席论坛，论坛就中国减贫经验对世界减贫治理的启示、促进世界零饥饿零贫困的中国方案等议题展开了深入讨论，并以共享精神推动减贫和发展领域的合作，共同分享中国方案和中国智慧。

第二，出席国际或区域性会议传播交流中国减贫经验。中国社会组织积极参与全球各种会议，在会议上争取发言机会来分享中国减贫经验，中促会便是其中的典型代表。中促会自2005年成立以来，便积极投身于联合国举办的各种非政府组织活动，出席联合国非政府组织年会，并逐渐成为代表中国社会组织在国际社会开展交流活动的重要NGO主体，为传播中国国际形象，传递中国声音做了相当多的工作。2018年，第73届联合国大会将中国提出的“精准扶贫”理念写入关于消除农村贫困的决议中，这对于传播发展中国家的减贫经验具有重要的意义。联合国《2019年人类发展报告》首次广泛咨询了来自中国、巴西、印度等发展中国家智库的意见，这表明发展中国家的减贫经验和知识在国际社会中越来越受到重视。此外，联合国开发计划署与清华大学、国家信息中心等机构还共同发布了《中国人类发展报告特别版》，向世界介绍了中国的发展经验、新发展理念，以支持国际减贫合作和人类命运共同体的建设。①

（二）参与双边和多边交流机制

中国政府一直积极倡导并推动建立反贫困交流机制。全球性的减贫交流机制有"减贫与发展高层论坛""全球减贫伙伴研讨会"等，区域性交流平台有面向东盟的"中国—东盟社会发展与减贫论坛"，面向非洲的"中非合作论坛—减贫与发展会议"，面向拉丁美洲的"中拉减贫与发展论坛"，中国的民间组织也凭借自身优势，积极参与这些双边或多边交流机制，并逐渐成为中国扶贫经验对外交流的新兴力量。

中国政府一直积极倡导并推动建立反贫困交流机制。中国不仅通过官方渠道参与各种国际减贫论坛和研讨会，还鼓励民间组织发挥自身优势，积极参与各种交流机制，共同推动全球减贫事业的发展。在全球性减贫交流机制方面，中国积极参与了诸如"减贫与发展高层论坛"和"全球减贫伙伴研讨会"等重要活动，这些论坛和研讨会为各国政府、国际组织、民间组织等提供了一个交流与合作的平台，共同探讨减贫策略、分享成功经验，并推动形成更加有效的国际减贫合作机制。在区域性减贫交流平台方面，中国根据不同地区的实际情况，建立了多个面向特定区域的减贫论坛。例如，面向东盟的"中国—东盟社会发展与减贫论坛"，为东盟国家与中国在减贫领域的合作提供了重要契机；面向非洲的"中非合作论坛—减贫与发展会议"，加深了中非双方在减贫领域的相互理解和支持；面向拉丁美洲的"中拉减贫与发展论坛"，促进了中国与拉丁美洲国家在减贫领域的交流与合作。中国民间

① 卢光盛、熊鑫：《国际减贫合作的体系变化与中国角色》，《云南师范大学学报（哲学社会科学版）》2020 年第 1 期。

组织在这些双边或多边交流机制中发挥着越来越重要的作用,它们凭借自身的专业性和灵活性,积极参与各种减贫项目,传播中国的扶贫经验,并与其他国家的民间组织建立了广泛的合作关系。

(三)开展反贫困国际合作项目

传播中国经验最有效的途径是带着这些减贫成果参与对外贫困治理的国际合作,通过开展对外援助项目来分享我们的经验教训。2007 年,中国扶贫基金会通过物资援助、培训本地医务人员和派遣医疗队的方式在非洲开展了"贫困母婴援助计划",既提高了非洲贫困地区母婴的保障水平,也向贫困落后地区的人们分享了中国在母婴救助方面的经验。[①] 中国青少年发展基金会在非洲地区开展的"希望工程走进非洲"项目,极大地改善了受援助地区的基础教育条件,总共有 26 000 多名非洲儿童开始在学校接受教育,更多贫困家庭的孩子可以通过教育改变自己的命运,这些都极大地促进了非洲地区教育水平的提升,是政府援助的一个有效补充。

(四)开展国际减贫培训和教育合作

中国国际减贫中心的成立就是为了总结、研究、交流并推广全球各国的减贫经验,促进国际社会减贫领域的交流与协作,开展针对发展中国家减贫领域实际需求的专项培训。[②] 当前,中国国际减贫中心的国际减贫培训体系已经相对完善,在培训品牌培育、体系拓展、教材开发、基地建设、机制创新

① 韩广富:《中国扶贫开发基本经验国际化问题论析》,《社会科学战线》2009 年第 6 期。
② 韩广富、何玲:《中国政府同国际社会在扶贫开发领域交流与合作问题探析》,《当代中国史研究》2015 年第 3 期。

等方面均取得了显著成效。截至 2022 年年底,中国国际减贫中心已成功举办了 182 期培训班,来自 138 个国家的 5 000 余名中高级官员及项目管理者参与培训。除此之外,我国还为非洲提供减贫发展领域的学位教育,为广大发展中国家培养专门的反贫困人才。与此同时,民间社会组织还会开展对外教育及科技扶贫援助项目,如作为"多边援助"项目的我国菌草技术培训,从 1995 年至 2005 年十年间就成功举办了 13 期培训班,一共有 54 个国家 299 名学员参加了该项培训①,让更多的发展中国家学习到这项技术,帮助它们摆脱贫困,在这个过程中也推进了反贫困经验的传播。

除了上述几种对外传播方式,中国社会组织还会邀请各国记者和学者深入贫困地区进行采访、考察等,以此开展减贫经验的交流与分享。例如,2018 年 8 月,来自蒙古、越南、缅甸、印尼、菲律宾、印度、巴基斯坦、斯里兰卡、尼泊尔等 9 个国家的 14 位记者组成的参访团前往云南省文山州麻栗坡县,实地了解中国的精准扶贫成就,探索中国脱贫工作的有益经验,并通过各自媒体将中国减贫经验传播至世界各地。此外,新建的中外减贫案例数据库等一些在线新媒体的搭建,也加快了把中国的减贫经验分享到世界各国各地,并为各国人民、相关投资者及其他希望从减贫经验中获得借鉴的群体提供了丰富的内容。

二、中国社会组织减贫话语传播的成效

1970 年,法国哲学家米歇尔·福柯在其著作《话语的秩序》中首次提出

① 杨金发、童长水:《我国菌草技术培训惠及 54 国》,《农民日报》2005 年 11 月 10 日。

了“话语权力”的概念，他指出：“话语不仅是思维的符号和交际的工具，它更是权力的具体体现。人们借助话语，赋予自己权力。”①长久以来，西方国家利用其在话语上的优势，占据了全球话语平台的主导地位，并通过这种方式向世界推行自己的价值观。相较于西方的话语体系，中国拥有一套独特且深厚的语言体系，但这一体系在很长一段时间里受到了西方的排斥、贬低甚至歪曲。然而，近年来，中国的社会组织通过积极参与反贫困国际合作、环保、人权等领域的活动，成功地改变了国际社会对中国的刻板印象，这些努力促使国际社会更加了解、理解和认同中国，并推动了中国与全球各地的友好往来和全面合作。

（一）增加了国际社会对中国的了解

“民心沟通”是中国社会组织在国际交往中的一项重要原则。通过与受援国政府和大众合作参与当地的贫困治理，中国社会组织以实际行动改变了国际社会对中国的认知，增进了对中国发展理念与发展模式的了解，进而全面客观地认识中国。例如，中国扶贫基金会、中国慈善总会和中国青少年发展基金会等社会组织在海外开展的各种公益项目，对于国外大众全面认识中国起到了重要作用。同时，这些组织还积极与当地媒体合作，开展海外援助项目的宣传，增强了受援国大众对项目的理解和支持。例如，2010 年 11 月，中国扶贫基金会在苏丹开展了友谊医院项目，邀请了苏丹媒体到现场观摩并通过地方的电台、报纸等对该项目进行全程报道，这不仅使苏丹大众对相关项目有了更多的了解，也提升了我国对外援助的公益效果。通过民间

---

① 米歇尔·福柯：《话语的秩序》，肖涛译，载《语言与翻译的政治》，中央编译出版社，2001，第 3 页。

方式开展的各类活动，有效地填补了国际社会及大众对中国的认知空白，使更多人对中国有了更深入的了解。

（二）改变了国际社会对中国的态度

态度，即个体对于人、观念、情感或事件所持有的稳定心理倾向。美国社会心理学家卡尔·霍夫兰（Carl Hovland）提出的态度改变理论认为，态度的变化实际上是一个信息传播的过程，即传播者（信源）通过特定的说明方式和内容组织形式（信道），将某一特定的信息传递给受众（信宿）。[①] 长期以来，由于中国与西方社会在文化传统、价值观念、社会制度等方面存在显著差异，因而双方的话语体系存在明显的差异和隔阂，这种话语体系的不对称往往使得中国在国际舞台上遭受误解和偏见，影响了国际社会对中国的全面、客观的认识和理解。然而，随着中国社会组织在海外反贫困领域的积极作为，这一局面正在逐渐发生改变。中国社会组织在海外开展的各种反贫困项目，其意义远超过单纯的"言说"，这些项目通过社会组织的具体"行动"，将传播过程扩展为包括"言说""行动""互动"的全方位立体交流。这些项目因而成为一种有力的传播媒介，将中国的反贫困理念、模式、经验等以更加直观、生动的方式传递给受援国大众。在这些项目中，当地居民可以亲身感受到生产生活条件的改善，见证中国减贫工作的实际成效，从而对中国发展道路产生更加深入、全面的了解。这种以行动为先导的传播方式，不仅增强了受援国对中国减贫道路的认同感和信任感，也为国际社会提供了一个了解和认识中国的全新视角。中国参与反贫困实践，可以让国际社会更

---

① 楼佳丽：《习近平国际场域政治话语传播研究——基于2013—2019年习近平政治演说的话语分析视角》，博士学位论文，华侨大学，2020。

加客观地看待中国的发展成就和贡献,进而克服对中国的偏见和误解。可以说,中国社会组织在海外反贫困领域的积极行动,正悄然改变着国际社会对中国的态度和看法。

(三)塑造出全新的国际形象

社会组织可以在人道主义援助、资源、人口、教育、环境、安全、经济和社会发展等多个领域发挥重要作用,充分展现其在民间外交中的重要地位。中国社会组织在世界性灾难发生时迅速向受灾国提供援助,如在印尼海啸、缅甸洪灾等灾难发生后,第一时间向受灾国提供帮助,这不仅向世界展示了中国扶危济困、乐善好施的力量和决心,更让世界看到了中国救援的专业力量,进而塑造出中国负责任、有担当的正面形象。未来,中国社会组织需要继续加大参与反贫困国际合作的力度,通过向那些贫困落后的国家提供援助,分享中国的减贫经验和成果,更广泛地实践与传播话语,树立国家形象。

第四节　中国社会组织减贫话语传播的问题与挑战

一、中国社会组织减贫话语传播中的问题

中国社会组织仍处于国际化的初始阶段,当前社会组织参与减贫话语的传播存在传播主体意识不足、传播内容单一、传播渠道有限、传播受众面

窄、传播评估体系欠缺等问题。

（一）传播主体意识不足

长期以来，政府或官方机构一直是对外话语传播的主导力量，相比之下，社会组织在传播主体意识上显得相对薄弱。

第一，社会组织在主动传播方面存在显著短板，它们往往未能充分了解和把握公众的需求与兴趣，导致信息传递缺乏针对性和吸引力。同时，由于缺乏系统的传播规划和持续性的信息输出，社会组织在对外传播中的声音往往显得零散而缺乏一致性，因而难以在公众心中形成稳定而深刻的印象。这种传播上的不足，使得社会组织难以赢得公众的信任和支持，进而影响了其在国际舞台上作用的发挥。

第二，当中国社会组织或企业在海外遭遇西方媒体的恶意抹黑时，社会组织往往未能及时、有效地进行应对和澄清。虽然中国官方会迅速出面进行反驳和澄清，但由于西方社会对官方媒体的普遍怀疑态度，单一的官方澄清方式往往难以达到预期的传播效果。此时，社会组织本可以发挥其灵活性和民间性的特点，通过多渠道、多方式的信息传播和澄清来弥补官方传播的不足。然而，社会组织在这方面的意识不足和能力欠缺，往往未能承担起应有的职责，使得我国的对外话语传播面临更多的挑战和困难。

第三，中国社会组织在海外减贫话语传播方面还缺乏整体规划和战略性布局。它们往往未能清晰地认识到自身在海外传播中的角色和功能，也未能形成有效的传播策略和手段，这导致社会组织在对外传播中缺乏针对性和实效性，难以有效地传达我国的减贫理念和经验。相比之下，西方非政府组织在非洲国家的活动则显得更为有计划和预谋，它们早在非洲国家独立之初便已开始在当地开展活动，通过长期的陪伴和扶持，促进了非洲本土非政府组织的成立和发展。这些非洲本土组织在西方非政府组织的影响下逐渐成长壮大，并自然而然地成为西方价值观的传播者。

（二）传播内容单一

中国扶贫的对外传播主要以信息传递和知识散布为主导模式，通过“走出去”和“请进来”的方式，推动扶贫信息和知识的全球传播与共享，这符合发展传播学中的创新扩散理论。① 然而，我们必须认识到，当前的传播模式仍存在诸多不足。首先，这种模式下的传播通常内容较为单一僵化，缺乏多样性和灵活性。这导致信息传递的效率和效果受到一定限制，难以引起国际社会的广泛共鸣。其次，中国社会组织在国外开展的援助形式中，物资捐赠虽然常见，但相关的宣传报道却非常有限，并且这些报道往往缺乏吸引力，未能充分展示中国扶贫工作的实际成果和积极影响。此外，社会组织在进行传播时，内容过于局限于对项目或中国特色文化的简单宣传，缺乏与受众的深度互动和有效沟通，导致传播效果大打折扣，难以在受援国产生深远影响。最后，中国的减贫对外传播主要聚焦于“人类奇迹、中国创造、梦想成真、全球共享”等宏大议题②。虽然这些议题体现了中国减贫工作的伟大成就和全球贡献，但过于宏大的叙事方式往往难以引起受援国大众的具体兴趣和共鸣，自然难以收到理想的传播效果。

---

① 姬德强：《中国扶贫对外传播的话语、媒介与策略》，《对外传播》2020 年第 3 期。
② 栾轶玫：《新时代中国国家叙事脱贫攻坚的对外传播》，《编辑之友》2020 年第 9 期。

（三）传播渠道有限

中国社会组织在参与国际反贫困合作时，传播渠道的选择相对有限，主要依赖于传统的媒体平台，如当地的电视台和广播。尽管这些传统媒体在某些地区仍然拥有广泛的影响力，但它们的传播方式往往较为被动，缺乏灵活性和创新性。特别是在遭遇政治干扰或文化差异时，传统媒体的传播效果可能会大打折扣，难以全面展现中国社会组织在反贫困领域的贡献和成效。与此同时，随着信息化时代的深入发展，网络自媒体等新兴媒体在国际传播中的地位日益提升，这些新媒体平台具有传播速度快、互动性强、覆盖范围广等优势，对于提升信息传播效果具有显著作用。然而，中国社会组织在利用新媒体进行国际传播方面还存在诸多不足。相比之下，西方非政府组织非常善于利用新媒体开展国际传播，它们每年投入大量经费与新媒体合作，主动邀请各类自媒体为其发声，这种策略有利于项目的推广，对价值观的传播也能产生立竿见影的效果。

（四）传播受众面窄

中国社会组织在进行反贫困国际合作时，很多时候主要集中在与援助对象或政府官员的交流上，导致传播受众面相对狭窄，未能充分展示中国在全球减贫领域的贡献和声音。实际上，中国社会组织开展减贫话语传播需要面对的是来自不同国家、地区和文化背景的大众，这些群体拥有各异的文化、价值观。为了确保有效传播，社会组织在进入一个新的国家或地区之前，应该对该地的历史和文化有深入的了解，并结合当地人的文化习俗和心理特点来设计和实施相关活动。通过精准识别不同国家受众的特征，制定出更客观和全面的传播策略，减少受援国受众对宣传活动的警惕和排斥心理，增强传播的互动性，以取得更好的传播效果。

（五）传播评估体系欠缺

话语评估体系在对外传播中起着至关重要的作用，它不仅包括对传播策略顶层设计的可行性评估，还涉及对传播方案、内容及传播效果的分阶段和有重点的评估，同时还需要对对外传播话语体系自身的科学性进行评估①，但目前我们的对外话语传播缺乏顶层设计，话语传播的评价体系也尚未建立。话语传播的核心目的是要被受众接受和认可，但由于缺乏传播实施效果的反馈机制，因而我们无法真正了解受众的实际需求和反馈，也无法根据实际传播效果进行及时的调整和优化。

二、中国社会组织减贫话语传播中的挑战

在当前复杂的国际政治与经济背景下，社会组织参与反贫困合作和话语传播面临多方面的挑战：从国际上看，全球不稳定因素增多，西方发达国家对中国国际话语空间不断挤压；从国内来看，存在着对社会组织传播功能认识不足等问题。

（一）从国际上看，全球不稳定因素增多

第一，西方发达国家利用其跨国公司控制全球传媒业务的优势，通过传播本国话语、压制或歪曲他国话语来实现“信息霸权”。在对中国的描述中，

① 刘小燕、赵萱源：《着力构建新时代对外传播话语体系》，《前线》2021 年第 6 期。

它们常常以“中国责任论”“中国阴谋论”“中国威胁论”为主要模式。同时，西方媒体通过强大的宣传网络传播自己的“普世价值”，进一步挤压中国的国际话语空间。中国想要突破西方多年经营维护的这样一个话语体系，前路漫漫，任重道远。不过面对西方社会的这一轮强劲的“逆全球化”及自身的民主政治危机[①]，长期以来由西方所主导的世界格局也已经开始动摇，我们可以借助这一有利时机，力图突破中国对外话语的多年困境，形成中国对外话语生成和传播的崭新语境。

第二，全球不稳定因素增多也增加了社会组织参与反贫困合作和话语传播的难度。随着“一带一路”倡议的提出，一些国家加强了政策协调以加强对中国的围堵，比如2021年5月欧盟与印度宣布建立“互联互通伙伴关系”，2021年6月，在美国总统拜登的倡议下七国集团发起了“重建更好世界”(Build Back Better World)计划。2021年7月，欧盟推出“全球门户”(Global Gateway)计划，该计划表明欧盟希望借此与世界各国建立“全球门户伙伴关系”。[②] 与此同时，受到从2020年春天开始的新冠疫情的影响，全球存在债务、能源等多种危机，社会组织的海外运行面临着更多不确定的因素。

（二）从国内来看，对社会组织传播功能认识不足

长久以来，中国对外话语传播主要通过政府主导的媒介渠道实现，这导致国外公众和媒体在接收信息时往往持有一种怀疑的态度，从而影响传播

---

① 吴赟，顾忆青：《国家对外话语战略的内涵与规划》，《语言文字应用》2019年第4期。

② 孙敬鑫：《“一带一路”对外传播：现状、阻力与应对》，《中央社会主义学院学报》2022年第4期。

效果。尽管近年来,像中央电视台和新华社这样的官方权威媒体已经设立了自己的对外平台,以推广中国的文化和价值观,但长期形成的刻板印象使得这些努力并未收到预期的效果。同时,我们的民间传媒在国际上的声音仍然微弱,其国际影响力有限,这种官方传播强而民间传播弱的局面导致了我们的信息来源和传播渠道的单一性,尤其是当谈及中国国家形象的对外传播主体时,非政府组织的存在感显得尤为低下。然而,要全面提升中国的国家形象,我们必须加强国际非政府组织的建设,通过与国外的非政府组织展开合作,建立良好的合作关系,形成稳固的合作联盟至关重要。自 1988 年 1 月美国福特基金会在北京设立办事处,中国和国际 NGO 打交道的时间已有 20 年以上,但目前在国际上仍然很少有愿意为中国政府发声的 NGO,弥补中国对外传播中的 NGO 缺失、加快 NGO 的建设已成为中国对外传播中的当务之急。[①] 未来,中国需要为民间团体和社会组织提供更大的国际参与空间,并且为它们提供更多支持和帮助,以便它们能够更好地参与国家形象的传播。在对外国公众进行话语传播时,我们应不断挖掘新兴媒体的作用,让民间组织和民间代表人物共同发声,从而形成一个目标一致、主体多元、方式多样的中国对外传播新格局,将一个生动真实、有血有肉的中国展示在世界面前。

① 刘小燕、王晶:《论中国政府对外传播的 NGO 缺失》,《国际新闻界》2008 年第 8 期。

第五章
发达国家社会组织反贫困合作与话语传播的经验及启示

国际非政府组织从第二次世界大战以后一直较为关注全球的发展问题,国际红十字会(LRCS)、世界宣明会、乐施会等组织长期在国际人道主义援助和反贫困事业中扮演着重要的角色,英国国际发展部 (DFID)认为国际非政府组织是解决贫困问题的国际网络和发声筒。世界银行在对非政府组织的研究中认为,国际非政府组织比其他公共部门在反贫困领域能够发挥更有效的作用,因为它们能更有效地瞄准贫困群体,因而效果更为明显。国际非政府组织对全球减贫事业的贡献有目共睹,一些西方国家的非政府组织已经积累了丰富的减贫和话语传播的经验,值得我们学习和借鉴。从全球的使用习惯来看,“非政府组织”或“INGO”(International Non-governmental Organlization)是一种比“社会组织”更为常见的表达方式,因此在本章中,我们会根据情况使用“非政府组织”“INGO”等概念来指代那些在世界各国广泛存在,与中国的社会组织性质相近或相似的民间组织。本章我们将主要介绍美国、日本和英国三个发达国家在反贫困国际合作及话语传播方面的经验。

第一节　主要发达国家社会组织反贫困国际合作概况

一、国际社会反贫困合作的发展演变

西方发达国家社会组织的诞生最早可追溯到17世纪的教会和慈善组织的出现，随着资本主义经济的发展，这些组织跨越国界到达殖民地、半殖民地开展卫生、教育、妇女儿童等慈善活动。两次世界大战又催生了全球至今最知名、规模最大的人道主义救援和发展型社会组织——英国乐施会。成立于1942年的乐施会迄今仍被认为是具有现代意义的非政府组织。第二次世界大战结束以后，针对欧洲的复兴问题，美国提出了马歇尔计划。针对亚非拉等地区，美国提出了第四点计划，这是美国最主要的针对亚非拉的官方经济援助计划。经济合作与发展组织成员国是国际发展援助资金的最主要提供者，当时接受援助的国家主要是战后的欧洲和亚非拉等不发达地区；援助方式以赠款为主、贷款为辅；援助领域主要集中于经济建设方面，通过为受援国提供投资资金，增加就业岗位，推动受援国的经济增长。[①] 1945年，《联合国宪章》首次正式使用NGO一词，而且赋予部分NGO在联合国经社理事会的"咨商地位"，以便其参与联合国的各种活动并提出政策建议，从而在法律层面确立了NGO参与全球治理的地位，建立了NGO与政府间国际

---

① 唐丽霞、周圣坤、李小云：《国际发展援助新格局及启示》，《国际经济合作》2012年第9期。

组织制度化合作的途径。在这一背景下,各国政府及政府间国际组织与NGO的合作更为频繁,一些全球性会议或论坛,通常也会同时举行NGO分论坛,NGO在全球沟通中的作用日益凸显,甚至能够对全球各个层次的决策过程产生不可低估的影响。

20世纪六七十年代,参与全球对外援助的主要是欧洲和石油输出国的一些社会组织,它们给那些在20世纪50年代刚刚获得独立的新兴国家提供贷款和粮食,成立于1961年的世界粮食计划署则将工作重点放在了国际粮食援助上。还有一些以发展为导向的国际组织也相继成立,如1960年成立的国际发展委员会(Committee on International Development)、1965年成立的工业发展组织(Industrial Development Organization)和1966年成立的资本发展基金(Capital Development Fund)均对发展问题给予了较多关注。

20世纪80年代是全球发展性社会组织的黄金时期。在非政府组织不断发展的过程中,人们看到了以官方为主导的对外援助对发展中国家的经济和社会发展产生了深远影响,但这种援助形式的效果及援助效率颇受质疑,这种在受援国政府主导下自上而下的发展援助,易使受援国的政治和经济精英获益致富,从而忽略了最贫困群体的需求。① 在此情况下,一种新的提高援助效果的方式开始受到欢迎:在援助主体上,由先前的专注于依靠政府和市场的力量,转而注重依靠大众的力量和民间组织,注重满足大众的基本需求;在援助项目上,专注于小型的、当地化的发展项目,使援助真正惠及穷人;在援助方式上,注重对受援者的赋权并主张从根源入手解决问题。②

① 高飏:《发展援助,NGO和公民社会:矛盾中的探寻》,《中国发展简报》2011年第3期。

② 赵黎青:《非政府组织与可持续发展》,经济科学出版社,1998,第133页。

各国政府及联合国等政府间组织开展的国际援助也大量依托它们开展活动，国际非政府组织被视为其重要的合作伙伴，与政府、企业一道共同致力于全球问题的解决。这一时期发达国家更多采取的是对贫困落后的国家减免债务的援助方式，经济合作与发展组织曾经统计，1987 年“七国峰会”之后，巴黎俱乐部债权国减免了非洲 16 亿美元的债务。[①] 这一时期全球发展性国际组织得到了迅猛发展，根据国际协会联盟的统计，1909 年全世界有国际非政府组织 176 家，1951 年增加到 832 家，1972 年达到 3 733 家，1985 年超过 2 万家。国际对外发展援助战略的转变，为非政府组织的国际化提供了重要的发展机遇，相对于官方援助，来自非政府组织的援助由于独立于政府，也更容易被受援国大众接受与认可，民间外交已经成为政府外交的重要补充。

2000 年 9 月，联合国千年峰会通过了《联合国千年宣言》，承诺在 2015 年前消灭极端贫穷和饥饿、普及小学教育、促进男女平等、降低儿童死亡率、改善产妇健康、抗击艾滋病和疟疾、促进环境可持续发展、推动全球合作伙伴关系等八个千年发展目标。[②] 2005 年 3 月在巴黎签署的《关于援助有效性的巴黎宣言》，进一步强调加强国际发展合作，提高发展援助的有效性。2011 年 11 月，“第四届援助有效性高层论坛”通过了《有关新的全球合作关系的釜山宣言》，明确将国际援助政策的范式从“援助有效性”变成了“发展有效性”，提出将构筑涵盖发达国家、新兴市场和公民社会等各种主体在内

① 李小云、王伊欢、唐丽霞：《国际发展援助——援助有效性和全球发展框架》，世界知识出版社，2015，第 38 页。

② 刘长敏：《理念变革：从“发展援助”到“发展合作”》，《青海社会科学》2016 年第 6 期。

的新型全球伙伴关系。[①] 2015 年 8 月,“2015 年后发展议程政府间谈判会议”在纽约联合国总部召开,会议强调把消除贫穷作为新发展议程的首要目标,其核心是可持续发展的经济、社会和环境一体化。

从社会文化的角度来看,西方非政府组织的迅速崛起与其深厚的宗教传统紧密相连。在宗教观念的长久熏陶下,西方社会涌现出大量的互助性组织,大众也普遍认可社会组织的功能与价值,这使得社会组织在第二次世界大战后得到了显著的发展。宗教思想的影响还使得西方社会的大众形成了向社会组织捐赠和参与志愿服务的习惯,在西方拓展海外殖民地和半殖民地的过程中,很多社会组织也开始积极投身海外援助工作,企业同样通过慈善捐赠以推进其国际商业目标进而提升公共形象。因此,西方发达国家的社会组织参与全球贫困治理与其宗教理念和大众的普遍价值观有着高度的契合性,这使得非政府组织参与全球发展能够得到来自社会各阶层的广泛支持,非政府组织在全球范围内的活动也符合其发展的基本逻辑。

二、发达国家非政府组织国际反贫困的历程

从 20 世纪 60 年代开始,发展援助是许多国家对外政策的重要组成部分,因此以发展为导向的非政府组织在西方社会如雨后春笋般地涌现,众多的非政府组织纷纷在受援国建立分支机构。大体来看,发达国家非政府组织对外援助经历了初始、发展、高潮和转型等四个发展阶段。

① 李小云、王艳蕾、唐丽霞:《国际发展援助——援助有效性和全球发展框架》,世界知识出版社,2015,第 217 页。

(一) 初始期(1960 年以前)

19 世纪,西方宗教组织和慈善团体在海外殖民地开展了针对妇女、儿童的慈善活动,这可以被认为是最早的与发展有关的跨国活动,随后第一次世界大战期间诞生的英国救助儿童会(Save the Children)和第二次世界大战期间诞生的乐施会,迄今仍被认为都是各自领域最有影响力的非政府组织之一。20 世纪 50 年代以后,更多的非政府组织开始在其他发展中国家开展活动,一些日后在国际上发挥重要作用的非政府组织先后成立,如美国的世界宣明会于 1950 年成立,英国的宣战贫困(War on Want)于 1951 年成立,国际志愿服务组织(International Voluntary Services)于 1953 年成立,福特基金会也在 20 世纪 50 年代成立了相应的海外发展部门。总而言之,这一时期的援助以开展人道主义救援以及给弱势群体提供慈善救济为主,组织的数量非常有限,规模也较小。

(二) 发展期(20 世纪 60—70 年代)

20 世纪 60—70 年代,是西方社会学生运动、民权运动、女权运动、反战运动此起彼伏的时期,这些社会运动一方面激发了公众的参与热情,另一方面又促进了西方国内 NGO 的迅猛发展,随后 NGO 又进一步拓展到国际发展领域。这一时期也出现了一些在日后产生重要影响的非政府组织,如成立于 1961 年的国际发展援助委员会(Development Assistance Committee, DAC),成立于 1964 年的美国“国际和平队”(Peace Corps)志愿者项目。但总体来看,这一阶段非政府组织规模不大,官方发展援助开始有计划地将发展型社会组织整合其中,西方非政府组织发展的一个显著特点是由救援、救助的福利性模式转向专注于社区自身能力提升的“小规模、自助式地方发展”模式。①

(三) 高潮期(20 世纪 80—90 年代)

20 世纪 80 年代以后,早期的那种政府对政府的援助模式因为受援国政府的贪污腐败而饱受批评。在这一背景下,1980 年以后,国际援助模式开始突破单一的政府对政府模式,各国政府开始有意识地推动民间组织参与海外援助,从 1970 年到 1975 年,通过民间组织向发展中国家提供援助的资金比重从 0.2%上升到 0.7%,到了 1994 年,这一比重上升至约 15%,国际发展援助体系也从最初的边缘地位向中心转移,并逐渐融入官方发展援助的主流体系,并被赋予发展项目执行者、多重创造者、社会活动家等多种角色②,非政府组织自此开始了长达 20 年蓬勃发展的“黄金时代”,国际机构也越来越意识到发展型国际组织的重要性,世界银行在 1982 年就成立了专门的 NGO 办公室,这些都极大地拓展了非政府组织的援助渠道。这一阶段发展型社会组织除了数量上的迅速增长外,更是出现了性别、赋权、可持续发展等新的议题,多元化的全球发展性非政府组织的活动异常活跃,这一切进一步促成了社会组织发展的黄金时期。

(四) 常态化与转型期(2000 年至今)

20 世纪 90 年代后,非政府组织的角色和影响力开始受到一定的质疑。一些研究表明,发展型社会组织的作用可能在一定程度上被过分夸

---

① D. C. Korten, “Third Generation NGO Strategies: A Key to People-centered Development, ”*World Development* 15, no.1(1987): 145 - 159.

② 蓝煜昕:《历程、话语与行动范式变迁:国际发展扶助中的 NGO》,《中国非营利评论》2018 年第 1 期。

大,因此进入21世纪后,NGO并没有像20世纪80年代那样受到广泛的关注。与此同时,全球局势也在不断变化,联合国千年大会制定了明确的、以减贫为核心的国际发展目标,在此背景下,人们的关注点逐渐转向受援国政府在减贫工作中的作用,以及如何更有效地激发受援国的自主性。此外,随着国际发展组织在发展中国家设立越来越多的分支机构,并加大其在当地决策中的自主权,非政府组织在受援国的工作也逐渐向常态化发展。

三、非政府组织在反贫困国际合作中的方式

国际非政府组织在早期的反贫困合作中,更多地采取的是资金及物资输入的援助方式,后期则更加注重提升受援国的发展能力。

(一)开展直接援助

从第二次世界大战结束至20世纪70年代,国际援助的主要形式是直接援助,即由官方机构直接向发展中国家和地区提供资金和物资支持。这种援助方式的目标是通过直接的资金注入,减轻发展中国家的贫困压力,满足其基本的生活需求,并推动其经济发展,最终实现脱贫目标。然而,自20世纪80年代起,这种官方直接援助的方式开始受到批评和质疑。为了避免被指责有“政治意图”,西方国家开始转而通过非政府组织向发展中国家提供援助,这种方式既能获得更多大众的认同和支持,同时也使官方能够以更为民间化、更为隐蔽的途径来维护本国的利益。

（二）参与项目扶贫

国际非政府组织在开展援助时，通常会选择与当地的社会组织进行合作，仅在面对紧急的自然灾害或突发事件时，才会考虑采用直接援助的方式。随着国际反贫困领域从“经济资本”理念向“人力资本”理念转变，近年来，国际非政府组织开始更加注重能力建设方面的援助，它们通常会向受援国的社会组织提供资金、技术指导和培训，以帮助当地大众提高自我发展能力，实现从“输血式”援助到“造血式”援助的转变。这种“造血式”援助项目的推广与美国的国际小母牛项目的发展理念有着紧密的联系。1944年，国际小母牛项目组织在美国成立，这是一个致力于全球贫困与饥饿救助的非营利性慈善机构，其创始人丹·威斯特(Dan Wes)强调，相比于直接向贫困儿童分发牛奶，帮助贫困家庭饲养奶牛能更有效地解决他们的贫困问题。“授人以鱼不如授人以渔”这一理念逐渐演化为国际小母牛项目组织的核心思想，该组织侧重于通过向农户提供高品质的畜禽以及相关的技术培训，助力他们实现可持续的减贫目标。这种以扶持农户自我发展能力为重点的方法，后来被广泛采纳，并成为国际减贫领域能力发展理论的重要支柱。在这个框架下，“给人一杯牛奶，不如助人养头奶牛”的比喻，恰如其分地体现了该组织帮助农户从根源上摆脱贫困的核心理念。自20世纪80年代起，小母牛项目开始进入中国，主要采用参与式方法帮助农户转变观念，鼓励他们全程参与发展项目，进而激发其社区参与的积极性。项目采用互助小组的形式，吸纳所有农户参与，并在推进中注重培养农户的自我管理与发展能力，这样即使项目组成员撤离后，农户仍能独立组织生产活动，推动社区建设。通过对贫困人口发展能力的培训，使他们能够利用自身优势学习各种技能，并在能力提升过程中逐步实现脱贫，这一转变标志着国际反贫困理念从单纯的“资金援助”向以提升“人”的能力为核心的援助方式的进化，这是全球减贫实践中的一个重要转折。总之，非政府组织在发展中国家开展的项目合作和能力培训不仅促进了贫困人口的思想转变和能力提升，也直接推动了全球减贫实践的转型。

（三）发展本地经济

自20世纪80年代起，国际社会逐渐认识到，单纯依靠外来国际援助而不发展自身经济，难以实现真正的脱贫。在这一认识的引导下，国际非政府组织开始强调政府支持经济发展的重要性，将发展本地经济作为推动贫困地区脱贫的重要途径。全球不同地区涌现出一些典型的本地经济发展案例，如孟加拉国的“乡村银行”和印度的“自我就业妇女协会”，它们通过广泛的影响力推动了地区经济的发展，其成功经验也被多个国家所借鉴。1976年，穆罕默德·尤努斯(Muhammad Yunus)开始进行小额信贷试验，并于1983年正式注册成立格莱珉乡村银行(Grameen Bank)，该银行主要面向农村贫困人口，特别是贫困妇女，利用社会压力和连带责任建立组织形式。孟加拉国格莱珉银行官网2021年4月份月报显示，自成立之初至2021年4月末，该银行已累计发放各项贷款23 974.97亿塔卡(孟加拉国货币单位)，服务成员客户达到939.02万户，成为全球通过小额信贷方式向贫困宣战的典范。2006年10月13日，穆罕默德·尤努斯因“从社会底层推动经济和社会发展的努力”而被授予诺贝尔和平奖。孟加拉国的妇女们通过小额贷款开展各种经营项目，成功地推动了本地经济的发展并实现了脱贫。格莱珉乡村银行已成为全球规模最大、效益最好、运作最成功的小额贷款金融机构之一，许多发展中国家纷纷模仿或借鉴它的模式。自2014年起，京东集团与格莱珉中国合作在农村地区推行小额贷款业务，这些实践表明，通过发展本地经济和提供适当的金融支持，可以有效地推动贫困地区的脱贫进程。

第二节　主要发达国家社会组织反贫困合作的经验与启示

一、美国非政府组织参与反贫困合作的经验与启示

美国非政府组织具有历史悠久、数量庞大、种类齐全、经验丰富和影响力大等特点，在整个西方的非政府组织中都是独树一帜的。ReliefWeb 数据显示，目前美国参与到对外援助中、较有影响力的非政府组织数量达 306 个。美国的非政府组织发展较早，很多老牌的非政府组织都有上百年的历史，比如卡耐基基金会(Carnegie Endowment)成立于 1911 年，洛克菲勒基金会(Rockefeller Foundation)成立于 1913 年。据估计，美国现有约 200 万个非政府组织，且大部分是过去 30 年内成立的。美国非政府组织在海外的迅速发展与政府的大力支持密不可分，政府鼓励其向全球扩张，支持其在国际援助中发挥作用。在海外援助工作中，美国政府与非营利组织两者相互补充、相互支持，尤其是在人道援助、慈善救助、发展援助、文化传播、民主实践、气候变化及环境保护等方面，美国非营利组织的国际化行动发挥着重要的作用。[①] 从 1972 年起，美国政府正式向非政府组织提供资助，并利用组织的灵

① 黄明浩、赵国杰：《美国非营利组织国际化发展现状与趋势》，《中国行政管理》2014 年第 3 期。

活性在全球开展紧急援助，这直接推动了一大批专业人士开始从事与发展型援助有关的工作。迄今为止，美国非政府组织在全球开展了范围最广的援助工作，其范围从传统的紧急救援、经济贸易、慈善捐赠、文化教育等扩大到人权、国家安全、环保、民主和外交等领域。

（一）美国发展性社会组织的类别

根据服务期的长短，有学者将美国发展性的非政府组织分为短期性的人道主义援助组织和长期性的发展援助组织。①

1. 人道主义援助组织

人道主义援助是基于人道主义理念而对受助者进行的一种援助行为，这种援助充分关注他人，体现出利他性，是全球反贫困合作的一种初级形式，其主要对象是发展中国家的灾民、饥民和难民。这些人道主义救援组织通常具备极强的快速反应能力，能够在灾情发生后迅速作出反应。他们凭借丰富的救助资源和现场应对经验，能够高效地在全球范围内开展各种紧急或长期的援助行动，如兄弟情谊基金会(Brother's Bother Foundation, BBF)、国际救援委员会(International Rescue Committee, IRC)、世界宣明会、国际美慈组织以及美国救助儿童会(Save the Children USA)等都是美国重要的人道主义援助组织，他们为全球的人道主义灾难提供了各种援助。

2. 发展援助组织

美国非政府组织在海外更多采取的是长期性的发展援助，主要通过设计、经营和资助针对发展中国家的援助项目，参与包括扶贫减灾、农业发展、

① 徐彤武：《美国国际性民间组织研究》，《美国研究》2010 年第 4 期。

医疗卫生等诸多方面。“国际救援与发展组织”(International Relief & Development, IRD)是美国最大的发展援助组织之一，目前每年向30多个发展中国家提供总计5亿美元的发展援助项目，涉及社区发展、政府治理、经济成长、食品与农业、医疗卫生、基础设施建设等事业。[①] 还有其他一些重要的发展性援助组织，如国际小母牛组织、“希望工程”等，每年也会向其他发展中国家提供各种援助。

（二）美国非政府组织参与反贫困合作的特点

美国非政府组织在国际化的发展中，积累了丰富的经验，可谓非政府组织国际化的典范。美国的非政府组织参与反贫困国际合作具有以下特点。

1. 立法推动社会组织参与援助

为了推动非政府组织加入发展援助，美国从立法上规定了非政府组织的职责及工作，并且规定将每年对外援助中的固定比例的资金划拨给社会组织用于援外，为社会组织参与海外援助提供了重要的法律和资金上的保障。比如，1978年通过的美国公法(95—424)规定由私营部门推动实施双边发展援助，1981年的美国公法(97—113)规定政府至少要提供12%的资金给予私人志愿组织，并要求美国国际发展署(USAID)的年度预算的12%～16%给予私人志愿组织，1985年的美国公法(99—83)明确规定政府至少提供15%的资金援助给予私人志愿组织。[②] 1961年美国国际开发署成立后，非政府组织承担了更多的海外援助项目，这极大地推动了社会组织积极投

---

① 国际救援与发展组织成立于1998年，总部设在美国弗吉尼亚州的阿灵顿。

② 黄明浩、赵国杰：《美国非营利组织国际化发展现状与趋势》，《中国行政管理》2014年第3期。

身国际援助的热情与积极性。

2. 专业化管理推动援助项目

美国的社会组织在开展海外项目时，非常注重对受援国文化、需求的深入了解和分析，并在此基础上制定具体的行动方案和策略。例如，美国比尔及梅琳达·盖茨基金会(Bill & Melinda Gates Foundation)在中国开展卫生项目前，对政府和民间的运行及执行能力进行了全面的评估，同时充分考虑了中国卫生体系和大众的特点，并在全面的需求评估基础上，有针对性地设计了项目，这些都为项目的顺利实施和效果达成提供了重要保障。此外，美国的非政府组织管理团队具备高度的专业素养和协调能力，即使是从受援国聘请的项目管理和操作人员，也需要经过严格的专业培训，这不仅保证了项目的顺利完成，也促进了受援国非政府组织管理人才的培养。

3. 新媒体运用扩大组织影响力

美国非政府组织深刻认识到新媒体与社交网络在当今社会中的巨大影响力，因此，它们积极利用这些平台来扩大自身的知名度和影响力。这些组织不仅建立了专业的官方网站，还在各大社交媒体平台上开设了账号，形成了多渠道的宣传网络。通过官方网站，非政府组织可以全面、系统地展示其组织文化、项目内容、成果和影响。同时，定期的新闻报道和项目进展更新，使公众能够及时了解组织的最新动态，增强对组织的信任感。而在社交媒体平台上，非政府组织则更加灵活地与公众互动，通过发布有趣、有启发性的内容，吸引更多人关注和参与。这种新媒体运用策略不仅成功吸引了政府和大众对相关问题的关注，为非政府组织争取到了更多的项目拨款或捐款，还使得组织的价值理念得以更广泛、更深入地传播。可以说，新媒体的运用已成为美国非政府组织提升影响力和推动公益事业发展的重要手段。

（三）美国非政府组织参与反贫困合作对中国的启示

1. 法治化确保援助的合法性

为有效推动国家的长远发展战略，美国政府高度重视并鼓励社会组织参与对外援助工作。为此，美国制定了《对外援助法》，该法律从国家层面确立了社会组织在国家海外发展战略中的核心地位，并为其参与对外援助提供了坚实的法律基础，确保了社会组织在海外援助中的合规性和正当性。中国政府也已深刻认识到社会组织在反贫困国际合作与话语传播中的关键作用。为了激励更多社会组织走出国门，积极参与到全球反贫困合作与话语传播中，中国政府应尽快出台更具针对性和实效性的立法。这样的立法不仅能为社会组织提供法律保障，确保其海外援助的合规性，能激发社会组织更广泛地参与国际事务，为全球反贫困事业贡献更多的中国智慧和力量。

2. 制度化设计推动对外援助

美国在推动非政府组织国际化发展方面拥有成熟的顶层设计，这对我国社会组织的国际化发展具有重要的借鉴意义。为了有效促进我国社会组织的国际化进程，我们可以借鉴美国经验，从以下几个方面进行制度化的设计。首先，应充分发挥国家国际发展合作署的统筹协调作用，该机构应负责制定社会组织全球化发展的战略规划，并统一协调具体事务安排，确保各项工作有序、高效地进行。其次，为了保障援助资金的可持续性和稳定性，我们应建立制度化的资金拨付机制。具体而言，可以在每年的对外援助预算中，设定一个固定的比例作为专门用于支持社会组织开展国际援助活动的资金。此外，还可以考虑设立社会组织援外基金，通过多元化的筹资渠道，为社会组织提供稳定、可持续的资金支持。最后，国家应制定和完善相关政策，为社会组织国际化发展创造有利的环境。这包括但不限于简化社会组织境外活动的审批程序、提供税收减免和优惠、加强与国际组织的合作与交流等。通过这些政策的实施，可以进一步激发社会组织的活力和创新力，推动其在国际舞台上发挥更大的作用。

3. 专业化人才保证项目实施

美国非政府组织的工作人员在海外参与项目时，往往需要长期驻扎在项目点，因此被称为“田野工作者”。在进入每一个项目点之前，他们会进行全面的准备工作，包括了解当地的自然环境、地理环境、风俗习惯、宗教禁忌等，以确保自己能够迅速融入当地环境。在项目执行过程中，他们展现出了出色的协调能力，能够妥善处理与当地政府、非政府组织和大众之间的关系，以确保项目的顺利推进和高效完成。这些能够在海外胜任工作的非政府组织工作人员是真正的多面手，他们不仅拥有丰富的理论知识，还具备专业的实践经验。此外，美国非政府组织在针对特定地区开展项目时，会特意配备该领域的专家以确保项目的成功实施，通过多年多种项目的积累，这些组织已经培养和储备了大量各领域的专业人才。这些人才在项目中有明确的分工，使得他们能够在各自领域成为真正的“职业专家”①。

二、日本非政府组织参与反贫困合作的经验与启示

（一）基本情况

第二次世界大战结束以后，为了迅速改变战争带来的不良形象，日本通过各种形式的经济援助扩大自己对其他国家的影响，以改善其在亚洲国家和人

① 戴锋宁：《非政府组织在美国对外战略中的作用浅析》，《中国人民大学学报》2020 年第 4 期。

民心中的形象。日本习惯上称社会组织为NPO(Non-Profit Organization,非营利组织),意指“市民基于宪法规定的结社权而自主成立且独立于政府和企业的非营利性组织”①。日本当前有400多个非政府组织在海外开展援助活动,业务活动极为广泛,包括经济发展、环境保护、教育与职业培训、贫困与灾难、农业与渔业、医疗保健等诸多领域。目前在全球100多个国家和地区都可以看到日本非政府组织的活动轨迹,遍及亚洲、非洲、大洋洲、中南美洲和欧洲。当然,亚洲仍然是其最为活跃的区域,主要涉足泰国、柬埔寨、尼泊尔、菲律宾、印度尼西亚等亚洲国家,也在赞比亚、肯尼亚、埃塞俄比亚等非洲国家活动。截至2021年4月,日本共向190个国家和地区提供了累计5 499亿美元(约合67万亿日元)的经济援助,净支出达到3 868亿美元(约合49万亿日元)。这些巨额的援助支出,极大地帮助了“日本在全球树立一个追求公平、道义、有全球意识、积极奉献的国际形象”②。

学者王名在《日本非营利组织》中指出,日本非政府组织开展海外援助活动最初始于其经济快速发展的20世纪60年代,到了70年代末从事海外援助、国际交流与合作的民间组织逐渐增多。在对东南亚难民救助活动中,日本社会组织大显身手,团体数量也迅速增加,国际合作的影响十分明显③,如1979年日本国际志愿者中心和难民救助会对东南亚难民展开的援助活动。20世纪80年代以后,日本非政府组织进入了快速发展期,数量不断增长,国际化的步伐显著加快,特别是到了90年代,随着日本经济腾飞和国民收入的大幅度提高,加之一系列国际性会议,如1992年的“地球峰会”、1993

① 刘震:《社会组织国际化进程中自律机制的中日比较研究》,博士学位论文,上海外国语大学,2020。

② 胡澎:《日本NGO的发展及其在外交中的作用》,《日本学刊》2011年第4期。

③ 王名:《日本非营利组织》,北京大学出版社,2007,第165页。

年的世界人权大会、1994 年的国际人口与发展大会以及 1995 年的世界妇女大会都极大地拓宽了日本大众的视野，激发了普通大众对国际事务和国际问题的关注，这些都迅速地推动了日本非政府组织的国际化之路。1972 年，为了更好地促进日本与其他国家之间的文化交流，专门从事国际文化交流的国际交流基金会(Japan Foundation)成立，它在全球的 19 个海外事务所分布在 18 个国家，这一基金会在随后的很多年成为日本非政府组织开展国际人道主义援助的重要渠道。进入 21 世纪以后，随着全球国际援助的重点转向对不发达地区的长期性的发展建设，日本的非政府组织也将援助的重点从资金援助转向了长期复兴及开发。

日本社会组织对外援助主要通过财政支援和人员派遣两种方式。针对贫困问题，日本非政府组织会根据受援国的具体情况展开有针对性的援助，他们积极与当地社会组织开展合作，取得了较好的效果。例如，日本的 JVC 组织(Japan International Volunteer Center)①在斯里兰卡开展了针对女性的赋权活动，JVC 在前期的调查与研究中发现，当地农民主要以种植蔬菜、水果为生，但收入很少，本地的贫困化程度很高，而农村的女孩通常在很早就结婚了，但婚后生活并不幸福，很多女性都遭受了家庭暴力，一旦离婚却得不到任何经济补偿。由于受教育程度低，女性在斯里兰卡的整体地位不高，她们既不懂得用法律武器来保护自己，也不知道如何求救，针对当地女性的这一情况，“亚洲社区中心 21(Asian Community Center 21，ACC21)”组织与斯里兰卡的 18 家女性社会组织合作，围绕法律、制度、观念对当地女性中的积极分子展开了为期三个月的培训，共帮助 780 户贫困家庭的女性解决

① 1980 年为救助印尼难民而成立。目前在亚洲、非洲、中东等地的 11 个国家或地区进行援助活动。

了她们生活中的各种问题,并且教会了她们应对问题的方法与途径,这些女性在结束培训后,不仅成功地解决了自己的问题,也成功地带领其他女性走出困境。①

除了开展海外援助,日本也积极参与联合国等国际组织的海外行动,以不断提高非政府组织的国际影响力。凭借雄厚的经济实力,日本在东南亚、阿拉伯地区以及非洲、拉丁美洲地区的经济援助都取得了较好的效果,他们还积极参与环境外交,不断提升在全球治理中的国际贡献度,为树立全球性大国形象不断加分。从 20 世纪 90 年代开始,日本便与联合国及世界银行等国际组织在海外援助、难民救助、环境保护等方面开展了广泛的合作,如 1999 年,日本非政府组织在联合国难民署、世界银行等国际性组织的积极配合下,参与了联合国针对非洲难民的救助。这些海外行动提高了日本非政府组织参与海外援助的能力,积累了丰富的经验,同时通过这些援助,许多国家及其大众对日本有了更多的了解,这些都成为日本非政府组织与联合国等国际性组织交流的重要基础。

此外,日本政府还陆续出台了一些政策来支持非政府组织在海外开展活动。2015 年,日本政府修订的《开发合作大纲》指出:"包括私营企业、地方政府和非政府组织在内的不同行动者参与全球活动并在寻找发展挑战的解决方案和支持发展中国家可持续发展中扮演重要角色。"②日本在其官方文件中明确强调政府要与社会组织合作,在官方援助项目的具体框架中再三强调非政府组织的作用。正是在政府的大力推动下,日本非政府组织参与

---

① 胡澎:《日本非政府组织的对外援助活动及对我国的启示》,《国外社会科学》2019 年第 5 期。

② 蔡礼强、刘力达:《发达国家社会组织参与对外援助的制度吸纳与政策支持——基于美英德日法五国的比较分析》,《国外社会科学》2019 年第 5 期。

全球治理的积极性和热情空前高涨，这些都扩大了日本在全球的影响力，提升了日本的国际形象。在历年的对外援助白皮书中，日本政府都会强调社会组织在对外援助中扮演着关键性的角色。为了使社会组织能够自觉、主动、积极地参与到对外援助中，日本政府也出台了各种支持政策，如“通过资金支持、对话协商机制、基础能力建设、合作伙伴关系建构等方面的措施，为社会组织参与对外援助构建了全方位的制度合作关系与保障体系”①。

（二）日本社会组织参与反贫困国际合作的特点

1. 政府对社会组织海外援助的全方位支持

日本政府为社会组织开展海外援助提供了全方位的支持，主要体现在以下四个方面。第一，日本政府高度重视非政府组织的海外援助工作，通过制定一系列法律法规和政策，为其提供了坚实的法律保障。2015 年颁布的《开发合作大纲》从立法层面明确了非政府组织参与对外援助的合法地位，为其在国际舞台上发挥更大作用提供了有力支撑。第二，日本政府积极为非政府组织的海外运行提供资金支持。如日本政府通过“NGO 联合”“NGO 事业补助金”“日本平台(JPF)紧急人道主义援助”等各种项目向参与海外援助的非政府组织提供资金支持。② 第三，日本政府建立了与非政府组织的对话协商机制。通过定期召开会议、分享政策信息等方式，日本政府与非政府组织保持了紧密的沟通与联系。这不仅有助于非政府组织更好地了解政府的 ODA(Official Development Assistance)政策，提高海外行动的效率，同时

① 俞祖成：《日本非政府组织参与全球治理——历史演变、发展现状及其支持政策》，《社会科学》2017 年第 6 期。

② 常思纯：《对外开发援助的域外经验及国际镜鉴——以日本对外开发援助为分析中心》，《河南师范大学学报(哲学社会科学版)》2022 年第 5 期。

也增强了日本政府对外援助的透明度和公信力。第四,日本政府注重提升非政府组织的自身能力。通过实施“NGO 咨询员”制度,日本政府从全球范围内聘请了众多专家为本国社会组织提供培训服务。这些培训内容涵盖了对外援助活动的各个方面,如项目管理、组织运营等,有效提升了日本非政府组织的海外行动能力,使其能够更好地服务于国际社会的发展需求。

2. 以“受援国需求”为中心开展援助

日本非政府组织对外援助的一个显著特点是,虽然援助项目规模较小,但它们紧密围绕受援国社区和大众的日常需求展开。这些组织通常将援助的重点放在妇女、儿童和农村等弱势群体上,确保项目具有可操作性,并能有效满足当地居民的实际需求,因此这些援助项目深受当地群众的欢迎。此外,日本非政府组织在海外援助中非常强调鼓励发展中国家依靠自身力量改善其生存现状,它们注重激发受援国及其受援民众的自强和自立精神,将援助定位为一种“对受援者自身努力的支持”,比如日本非政府组织在缅甸的民生与发展项目,强调对过程的重视及技能的培养,这符合东亚传统儒家社会“因材施教”“授人以渔”的理念。①

3. 以教育援助的方式提升日本形象

教育援助在日本非政府组织的海外援助中占据举足轻重的地位,它们通过这一手段积极塑造日本在国际舞台上的正面形象。早期,日本非政府组织的对外援助主要集中在资金和物资的支持上,然而随着国际社会对减贫理念认识的深化,从单纯的“物质贫困”关注转向“能力贫困”的解决,非政府组织的援助重点也逐渐转变。为了更好地实现贫困人口的能力提升,日

① 刘喆:《日本非政府组织在缅甸的运作及对中国的启示》,《亚太安全与海洋研究》2022 年第 5 期。

本非政府组织积极开展教育援助项目以及自立援助等活动，采取了一系列创新措施。首先，通过跨国启发教育和支援活动，积极吸引受援国本地居民参与，旨在提升他们的知识和技能水平，这些活动不仅提供了实际的教育资源，还激发了受援国居民自我发展的积极性。其次，日本非政府组织还注重人才的国际交流。它们邀请受援国的人才前往日本留学或接受短期培训，帮助他们拓宽国际视野、增强专业技能，这种跨国人才交流不仅有助于受援国人才的培养，也促进了日本与受援国之间的友好合作。据统计，截至 2021 年 3 月，日本共向发展中国家派遣了约 19.7 万名专家和 5.4 万名志愿者，并接收了 65.4 万名研修人员到日本进修、学习。这些数字不仅彰显了日本非政府组织在教育援助领域的巨大投入，也充分展示了其取得的显著成果。通过教育援助这一重要手段，日本非政府组织不仅为全球贫困人口提供了实质性的帮助，也成功提升了日本在国际社会中的形象和影响力。

（三）日本非政府组织参与反贫困国际合作对中国的启示

1. 以顶层规划推进建立援助机制

日本政府通过精心策划的顶层规划，成功地构建了高效、系统的非政府组织援助机制。相比之下，我国的社会组织在对外援助领域尚缺乏全面、深入的顶层设计和制度性支持。为了推动我国社会组织在对外援助中发挥更大作用，我们需要加强顶层规划，从多个维度完善运行机制。第一，要“加强顶层规划，从战略规划、权责一致、集中管理、优化执行、监督有力”等多个角度完善运行机制。第二，要建立严格的监督评估体系，确保援助资金的透明使用和项目的有效执行。第三，在制定顶层规划时，我们还需根据国内和国际形势的变化，适时调整援助的重点领域和重点地区。同时，针对不同国家的国情和实际需求，制定符合其基本情况的援助策略，以实现精准帮扶和可持续发展。2021 年 10 月，民政部发布的《“十四五”社会组织发展规划》为我国社会组织“走出去”提供了重要的顶层规划指导，期待未来能够出台更加详细、具体的实施细则，以进一步推动我国社会组织参与全球事务的进程，为构建人类命运共同体贡献中国智慧和力量。

2. *以互助交流提升援助效率*

日本政府深知要想本国的非政府组织获得长远的发展必须与重要的国际组织建立紧密的联系和频繁的交流与合作。因此，在其对外援助的基本方针中，日本政府着重强调了与联合国各机构、国际开发金融机构、本国企业以及受援国的非政府组织之间的紧密合作。为了更好地协调各方资源，日本国内的不同民间组织之间也建立起了定期的交流机制，这种互动交流在日本民间组织中非常频繁，它们充分利用各自的专业优势和技术特长，采用联合会的模式，推动各个民间组织之间的互动和定期交流。这种畅通的协调机制能够迅速召集具有不同专业优势和技术特长的社会组织，通过精诚合作共同发现问题、解决问题，从而极大地提高海外项目运行的效率和效果。中促会作为社会组织协调的重要机构，在协调我国社会组织之间的交流与合作方面发挥着重要作用，在未来我们可以借鉴日本的相关经验，建立社会组织合作与交流的常态化机制，以提高我国社会组织在海外援助中的效率，进一步推动我国的社会组织与国际社会的合作，促进其在全球事务中的积极参与。

3. *以多种方式传播价值理念*

为了更好地改善其他国家和大众对日本的不良印象，日本在战后便积极投身到全球事务中，它非常重视与受援国大众和其他社会组织的沟通与交流,并采用了多种手段来传递本国的价值理念。除了传统的交流和合作方式外,日本政府还积极利用各种网络信息平台,通过动漫等形式向全球传播“日式价值观”。这种全方位的传播策略不仅展示了日本的发展援助成果,还不断塑造着日本在国际援助领域的话语权和形象。中国社会组织在对外援助中也可以借鉴日本的经验,通过文化展览、艺术表演、研讨会等各类文化交流的方式,积极主动地向国际社会传播中国文化。同时,我们还可以通过建立数字化、系统化的数据资源,分享我们在减贫、发展和其他领域的成果,以更直观、更生动的方式展示中国的进步和贡献,这将有助于增进国际社会对中国的了解和认同,提升中国的国际形象和影响力。

4. 以多元途径培养国际人才

日本注重通过多元化途径培养国际人才,这种重视贯穿于从基础教育到职业教育的全过程。为了增强学生的全球意识和国际责任感,日本从2002年开始在中小学课程中设置了“综合学习时间”,邀请来自国际援助NGO的相关人员与学生分享发展中国家的现状和问题,解释日本对外援助的重要性以及NGO的角色,使学生从小就认识到发达国家对发展中国家的责任和义务。① 此外,日本的NGO也积极参与国际人才的培养工作,他们通过举办讲座、培训等活动,吸引对国际事务感兴趣的大众加入其中,为NGO组织输送人才和领袖。同时,日本NGO还特别注重对受援国本土人才的培养,经常在受援国开设培训班,提升当地社会组织的专业能力和水平。相比之下,中国在海外社会组织的人才储备方面面临一定的挑战,为了弥补这一缺口,我们可以借鉴日本的经验,通过高等教育和职业培训的途

① 胡澎:《日本非政府组织的对外援助活动及对我国的启示》,《国外社会科学》2019年第5期。

径,培养有志于参与社会组织海外工作的人才。此外,我们还可以从留学生和海外华侨中招募感兴趣的人士加入,以丰富和充实我国社会组织的人才库,填补我国社会组织国际人才的巨大缺口。

三、英国非政府组织参与反贫困合作的经验与启示

(一) 英国非政府组织反贫困合作发展概况

作为老牌的资本主义国家,英国是世界上最主要的援助国之一,其非政府组织发展历史非常悠久,在长期的对外援助中,政府与非政府组织建立了平等合作的关系。截至 2019 年,英国共有 16.7 万家社会组织,年经济贡献值约为 171 亿英镑,占英国 GDP 的 0.85%;国际发展类社会组织虽然数量仅占英国社会组织总数的 4%,年收入却占英国社会组织年总收入的 11%。非政府组织收入的主要来源是政府拨款和个人捐赠。英国拥有在国际上久负盛名的发展型非政府组织,如英国救助儿童会、牛津饥荒救济委员会(Oxford Committee for Famine Relief)等。

1997 年,英国成立了一个独立的内阁部门——国际发展署(The Department for International Development, DFID),专门负责管理英国海外援助事务,是社会组织参与政府发展援助(ODA)的主要政府支持和监管机构。① 英国政府一直都非常重视非政府组织的作用,近些年来,英国政府通过非政府组织来开展海外援助的资金规模不断在扩大。非政府组织通常采取两种方式来提供援助,或者直接向受援国的本地社会组织提供资助,或者

① 宋天琪:《英国社会组织参与政府发展援助的管理体系及其启示》,《学会》2020 年第 2 期。

与它们建立直接的合作关系,如非政府组织通常会吸引受援国的社会组织和普通大众参与项目,而英国自己的志愿者和专业人员则主要负责项目的引导和管理工作。

(二) 英国非政府组织反贫困国际合作特点

1. 开展多边合作,构建全球减贫网络

2004年,全球消除贫困联盟(Global Call to Action Against Poverty, GCAP)在南非约翰内斯堡成立,这是一个由全球一百多个国家共同参与的庞大非政府组织,致力于在全球范围内开展各种减贫活动。该组织主要在国家层面、国际层面和区域层面展开工作,力求通过全方位的合作来消除全球贫困。英国作为这一国际反贫困组织的重要发起人,凭借在非政府组织领域的丰富经验,利用多边和双边合作等多种方式与受援国的政府、社会组织和普通大众建立起广泛的合作关系,这种合作模式不仅促进了英国的对外交流,也为全球的减贫事业注入了新的活力。通过与各方建立合作关系,英国成功地将自己的经验和资源与全球范围内的减贫实践相结合,提高了减贫工作的效率和影响力。

2. 积极与政府合作,共同推进海外援助事业

英国的非政府组织与政府之间保持着紧密的联系,这种合作关系不仅有助于非政府组织从政府获得资金支持,为政府提供服务,同时也能够利用政府平台开展项目,这种合作模式使得英国的非政府组织在设计项目时能够紧密结合国家的对外援助政策,从而更容易获得政府的资金支持和认可。与此同时,通过与政府的紧密合作,英国的非政府组织不仅提升了自身的国际影响力,还为海外援助事业作出了重要贡献。例如,乐施会作为英国国际

发展部的重要合作伙伴之一,在全球范围内开展人道主义援助项目,并在非洲、亚洲、中东和拉丁美洲等多个区域拥有广泛的影响力;国际行动援助组织则通过资助儿童等形式筹集资金,逐渐扩展到扶贫和社区发展等领域,其项目已经覆盖全球四十多个国家和地区,为英国的海外援助事业作出了重要贡献。这种政府与非政府组织之间的合作模式为英国的海外援助事业提供了强大的支持和动力,通过相互合作、互相补充,英国政府和非政府组织共同推动了海外援助事业的发展,为全球减贫事业贡献力量。

(三) 英国非政府组织参与反贫困国际合作的启示

英国是最早参与反贫困国际合作的国家之一,具有悠久的历史,也积累了丰富的理论和实践经验,对我国的社会组织发展具有较大的启发与借鉴作用。

1. 完善立法规范对外援助

英国政府通过不断完善立法来规范其官方和非官方的对外援助,比如《2002 年国际发展法案》明确了英国对外援助的战略目标是减少贫困、促进发展中国家的可持续发展,并提高发展中国家人口的福利,这一法案同时规定了对外援助的三种形式:资金援助、技术援助和物资援助。随着国际形势的变化,英国政府在后续立法中不断调整援助的重点和目标,《2006 年国际发展法案》强调了资金和工作情况的透明度,要求发展部定期向议会报告和公开对外援助情况,这有助于提高援助活动的透明度,加强公众对援助效果的监督。2014 年的法案明确要求在对外援助中促进社会性别平等,这反映了英国政府对全球性别平等问题的关注,并努力通过援助活动来推动相关问题的解决。而《2015 年国际发展(官方发展援助目标)法案》是英国首个跨部门援助战略,规定发展援助年度支出不少于国民总收入的 0.7%,并提出发展援助应在减少贫困的同时支持国家利益。[①] 这一立法确保了英国对外援助的稳定资金来源,并将其与国家利益相结合,提高了援助活动的可持续性和影响力。英国政府以立法的方式推动对外援助的做法值得我们学习,同时,我们也应根据国际形势的变化及时调整援助的重点和目标,以确保援助活动始终与时俱进,并且发挥最大的效益,这将有助于提升我国对外援助的质量和影响力,为全球减贫和可持续发展作出更大贡献。

2. **建立合作机制推动对外援助**

英国是全球慈善组织发育最早和最为成熟的国家之一,其公益与慈善理念是政府和非政府组织合作的价值基础,这种价值理念的一致性也为双方开展国际公益事业提供了重要基础。自 20 世纪 70 年代以来,英国政府逐步建立了对非政府组织的组织管理与审查体系、政府与非政府组织海外援助项目合作体系,以及政府对口资金支持计划——“联合基金计划”[②],从制度上确定了政府与非政府组织的合作基础。英国政府重视与社会组织的密切沟通,并为了与社会组织开展更为高效的合作,不断改革、调整相关支持政策体系。1998 年,英国制定了《政府与志愿及社区组织合作框架协议》(COMPACT),标志着英国政府与英国非政府组织之间的互动合作拉开了新的序幕,此后,非政府组织在全球广泛开展对外援助及公共外交,这都极好地塑造了英国的国家形象。同时,政府设置了“公民社会工作组”来专门负责与非政府组织的沟通协调,保证了非政府组织工作的顺利进行。此外,

---

① 曾璐、孙蔚青、毛小菁:《借鉴英国发展多边援助的管理体制》,《国际经济合作》2021 年第 2 期。

② 黄浩明、赵国杰:《英国非政府组织国际化发展的实践与启示》,《中国社会组织研究》2014 年第 1 期。

政府也自觉地承担起项目运行中的监管职责，确保对外援助项目的整体效率和效果。这种合作机制的成功实践，使英国的非政府组织得以在全球范围内发挥其人道主义援助的优势，政府的资金支持和监管也为项目的顺利实施提供了重要的保障，通过这种方式，英国成功地实现了政府与非政府组织的互补与协作，进一步提升了其对外援助的效率和影响力，对其他国家的对外援助也极具启发意义。

3. 建立与受援国良好的合作关系

英国非政府组织在对外援助中高度重视与受援国的社会组织、大众建立稳固的合作关系。英国非政府组织不仅关注提供物质援助，而且关注受援国公民的能力建设，通过开展培训、参与项目等形式，积极提升当地社会组织和大众的能力水平，旨在利用本土力量实现受援国的长期发展目标。英国非政府组织乐于为当地的社会组织和大众搭建自由交流的平台，促进知识、技能和经验的共享，它们提供的多样化培训和项目深受当地大众的欢迎，不仅提高了当地社会组织的专业能力，还为当地培养了大量的非政府组织人才，这种合作模式有助于确保援助项目的可持续性和长期效益，同时也增强了英国与受援国之间的友好合作关系。

第三节　主要发达国家非政府组织的对外话语传播

席卷全球的新冠疫情，对全球国际政治产生了深远的影响，原有的政府或高层之间的沟通对话机制突然失去效力，特别是随着全球化、信息化的发展，非政府组织在国际话语传播中扮演着越来越重要的角色，同时也改变着国际话语传播的新格局。非政府组织采取多种方式宣传国家形象，或者配合政府行动，为政府制造舆论，或者承担政府不便出面或难以完成的使命。①接下来我们将梳理主要发达国家的非政府组织在国际话语传播中的特点和角色。

一、主要发达国家非政府组织对外话语传播的特点

伴随着本国的经济发展和政治地位的提升，美国、日本和英国三个发达资本主义国家的非政府组织获得了长足的发展，在组织的数量、规模和影响等方面，均堪称全球首屈一指，它们以其强大的话语传播能力在全球发挥着舆论引导的作用。接下来，我们将根据每个国家话语传播的某一主要特点展开分析。

（一）美国以“价值观”为主导的话语传播

对于发达国家来说，利用对外援助是其推广价值观念、确立意识形态霸权、维护世界政治经济秩序的重要手段。② 美国以“价值观”为主导的话语传播是全球战略中的核心组成部分，其中非政府组织扮演着关键角色，这些组织通过各种项目和活动，不仅在全球范围内推广美国的价值观，也努力巩固美国的全球政治、经济和军事霸权。美国的非政府组织在进行话语传播时

① 刘小燕、王洁：《政府对外传播中的“NGO”力量及其利用——基于西方国家借 NGO 对发展中国家渗透的考察》，《新闻大学》2009 年第 1 期。

② 田德文：《英国：对外援助与国家利益》，《欧洲》2002 年第 6 期。

具有明显的两面性：一方面，这些 NGO 开展的文教、扶贫等项目有助于促进受援国的发展；另一方面，这些 NGO 又承担着美国对外意识形态输出、文化扩张的使命，并成为美国政府实现对外政策的工具。① 以缅甸为例，自 2004 年缅甸政府放松对国际非政府组织的监管后，大批非政府组织进入该国，其中包括众多美国非政府组织，这些组织与缅甸本土的非政府组织建立了紧密的联系，并开展了广泛的合作。其中，美国非政府组织通过缅甸的社会组织进行了包括民主意识、公民社会意识和参政意识等方面的培训，这些培训极大地影响了缅甸大众的价值观、政治观和国家观，特别是它们会以一种更为便捷、更为隐蔽的方式向活跃在网络上的青少年传播本国的价值观。除此之外，这些非政府组织还通过资助新闻记者、建立新闻组织和成立新闻媒体监督群体等多种方式，以一种较为隐蔽的方式传播着美国的价值观。

在对外援助项目中，美国的非政府组织同样注重价值观的传播。以福特基金会为例，自 20 世纪 70 年代后期进入中国以来，其项目涉及环境保护、医疗卫生、教育资助、社区发展、传染病防治等几乎所有的政治经济和社会文化发展治理领域，福特基金会的项目也不遗余力地将本国的主流价值观念，如民主选举制度、市场机制、司法理念以及公共治理等通过项目的运行自然地传播到中国。正是通过非政府组织的对外援助和其他项目，美国在全球范围内推广和巩固自己的价值观，这些组织注重策略和技巧，通过与当地组织和社区的合作、交流和引导，以一种相对隐蔽的方式传播美国的价值观，这对当地的社会、政治、经济和文化发展产生了深远的影响，也加强了美

① 白建才、张建斌：《我国对美国非政府组织研究述评》，《经济社会史评论》2019 年第 4 期。

国在全球舞台上的影响力和话语权。

（二）日本以“技术”为主导的话语传播

日本以“技术”为主导的话语传播在全球舞台上展现了其独特的影响力。作为一个技术先进的国家，日本在援外工作中充分利用了这一优势，将技术援助作为核心手段，推动与受援国的经济互动和合作。在早期的援外工作中，日本就根据本国的技术优势确立了明确的目标：利用技术优势为受援国完善基础设施和工业发展。这一战略不仅促进了受援国的经济发展，也为日本打开了国际市场，推动了双方的互利合作。通过技术支持和合作项目，日本成功地帮助受援国建设了基础设施，提升了工业化水平，赢得了受援国的信任和尊重。随着时间的推移，日本在援外工作中的价值观也发生了变化，20 世纪 90 年代以后，日本开始倡导“促进世界民主、自由、人权、法治和市场经济”的价值观，在这一背景下，日本的非政府组织以知识和技能输出为基础，在全球范围内开展了广泛的项目合作。这些项目涵盖基础设施、教育以及公共卫生等多个领域，通过技术援助和专业指导，帮助受援国解决实际问题，改善大众生活条件。这种专业性的技术援助不仅消减了受援国大众对日本的反感情绪，还逐渐增加了他们对日本的好感。通过项目的推进，受援国大众开始认识到日本先进的技术理念和技术文化，对日本的形象形成了积极的评价。日本的非政府组织以技术为桥梁，促进了日本与受援国之间的友好合作关系，为双方带来了实实在在的利益。此外，日本外务省和国际协力机构(Japan International Cooperation Agency，JICA)形成的定期对话机制也为非政府组织的对外援助提供了有力支持，日本的非政府组织得以更加有效地开展技术援助项目，进一步巩固了日本在全球舞台上的技术大国形象。

(三) 英国以“文化交流”为主导的话语传播

英国以“文化交流”为主导的话语传播在国际社会中具有重要地位。英国的非政府组织在这一领域扮演着关键角色,通过各种项目和活动,推动英国与全球各地的文化交流和互动,英国的文化交流活动涵盖了教育、艺术、社会科学、科学研究和语言学习等多个领域。这些交流项目不仅增进了英国与世界各地之间的了解和友谊,也帮助全球各地的人们更好地认识和了解英国的文化和价值观。例如,英国文化教育协会(British Council)是英国最大的国际文化交流组织,它在全球范围内设立了多个办事处,员工数量庞大,该组织与英国政府保持着密切的联系,并且得到了政府的支持和引导,充当着媒介的作用:一端是英国的大学、研究机构、艺术团体和职业精英,另一端是对外文化交流活动的对象国和地区的政府机构、学术单位、艺术团体,参与活动的群体和个人,文化协会负责将它(他)们联结起来。[①] 除了教育文化协会之外,英国还有其他很多的非政府组织也在文化交流领域发挥着重要作用,这些组织通常保持着一定的独立性,有时也会受到政府的影响和引导:在项目的策划和执行过程中,这些组织会考虑到英国的整体对外政策和文化战略,以确保其工作与国家利益保持一致。

在文化交流中,英国的非政府组织通常会采取多种方式来传播英国的文化和价值观。例如,通过举办艺术展览、音乐会和戏剧表演等活动,向全球展示英国的文化魅力;通过开展教育交流项目,增进英国与世界各地的学

---

① 唐虹:《非政府组织和对外文化交流——以英国、法国和德国的经验为例》,《欧洲研究》2009 年第 2 期。

术合作和相互了解;通过组织语言学习课程和提供英语学习机会,帮助全球各地的人们更好地学习和掌握英语。总的来说,英国以“文化交流”为主导的话语传播通过多种方式和渠道,推动英国与全球各地的文化交流和互动,这些交流项目不仅有助于增进相互理解和友谊,也进一步巩固和提升了英国在国际社会中的地位和影响力。

二、发达国家非政府组织在对外话语传播中的角色

随着冷战的结束和全球化进程的加速,国际非政府组织对国家外交政策的正向作用愈来愈得到各国政府的重视,因而许多西方国家开始越来越多地将非政府组织作为其“推行外交政策的工具”①。非政府组织在国家形象的传播中起到了举足轻重的作用。

(一) 西方价值理念的倡导者和传播者

非政府组织,作为自愿性、非营利性的民间组织,近年来已成为西方国家价值观的重要传播者、倡导者和捍卫者。由于在政治与经济上获得优势多年,“西方媒体所传播的价值取向拥有全球传播的内容主导与舆论主导地位”②,如美国拥有超过 200 万个非政府组织,其中相当一部分是由美国政府建立或资助的,主要用于对外宣传和思想渗透,美国政府对非政府组织在传

① L. Desaine, *The Politics of Silence: Myanmar NGOs' Ethnic, Religious and Political Agenda* (Bankok: Institut de recherche sur l'Asie du Sud-Est contemporaine, 2018).

② 刘肖、董子铭:《“人类命运共同体”思想对外传播的“时度效”研究》,《中国出版》2017 年第 11 期。

播美国价值观中的作用给予了高度重视，奥巴马政府在《国家安全战略》中特别指出非政府组织的重要性。这些非政府组织对自身的对外援助目的有明确的认识，如福特基金会就曾建议美国对外援助不应仅停留在科技、管理、装备和投资层面，还要改变受援国的制度及理念。① 标榜独立的非政府组织，却也更多地被官方政治、政策话语所形塑，有意无意间成为发达国家意识形态扩张的工具②。非政府组织主要通过两种途径传播西方价值理念。

第一，通过教育文化交流的方式，将本国的价值理念渗透到受援国。这些组织在全球不同国家和地区开展细致入微的援助工作，广泛传播“民主、自由、人权、环保”等“普世价值”，它们通过培训班、会议、论坛等多种形式将特定的观念传递给大众，在潜移默化的过程中“塑造”着大众的意识观念。比如，索罗斯基金会的工作对象主要是中亚国家的青年群体，基金会通过教育、培训等方式向其灌输西方的“民主”“自由”等价值观。③ 英国在很多国家开展的扶贫救济、教育援助、社会及社区福利提升、环境保护和生态改善等活动中，都在践行和传播着“博爱”的价值观念。事实证明，这些组织在教化人心、巩固信仰等方面起着不可替代的积极作用，成为社会价值观建设的重要承担者。④

第二，资助“独立媒体”或借助受援国“媒体”来开展宣传活动。西方国家以新闻自由、信息自由为幌子，要求受援国放开媒体管制，大肆宣扬西方

① 戴锋宁：《非政府组织在美国对外战略中的作用浅析》，《中国人民大学学报》2020 年第 4 期。

② 蓝煜昕：《历程、话语与范式变迁：国际发展援助中的 NGO》，《中国非营利评论》2018 年第 1 期。

③ 刘赛、石岚：《论美国非政府组织在中亚的活动与角色》，《俄罗斯东欧中亚研究》2022 年第 6 期。

④ 周利方、沈全：《国外核心价值观建设的实践类型及启示》，《理论月刊》2011 年第 11 期。

价值观。西方非政府组织以政治条件为诱饵来资助那些在价值理念、活动宗旨与西方趋同的受援国的非政府组织，然后利用它们来传播、推行西方发展模式和民主价值理念，为西方国家的政治利益服务。如 Internews 作为一家“世界范围开放性媒介”的非政府组织，在南斯拉夫、约旦河西岸和加沙地带创立了多个非政府独立电视网络，并且资助了一些媒介协会，极力地向前社会主义地区和伊斯兰地区输出自己认同的民主观念和美国新闻价值与实践的议程。通过多种手段的话语传播，西方非政府组织不断提升本国在国际事务和国际社会的辐射力、影响力与话语权，它们也是输出西方价值观、传播西方价值理念的重要推手。随着移动互联网的发展，西方发达国家非政府组织更是凭借其拥有的技术优势建构起了一个“地方、国家、国际三个层次构成的由局部到整体、相互交错的多层面‘整体网’”，境内外、线上线下共同协作，这种传播方式相较于传统方式更为迅速和有效，有时也更具破坏性。①

（二）媒体援助的推动者

近年来，西方国家越来越认识到媒体在社会发展中的重要性，非政府组织也逐渐成为媒体援助的主要推动者。克里希纳·库马尔（Krishna Kumar）认为媒体援助是指为了建立和加强独立媒体，由国际行为体提供经济、技术和资金的援助。② 在实施过程中，西方国家主要通过专业知识技能培训、设定媒体报道内容及支持媒体自身发展等手段，来促进受援国媒体的

① 孙发锋：《境外非政府组织为什么“能”影响中国意识形态安全》，《河南社会科学》2022 年第 1 期。

② K. Kumar, “International Assistance to Promote Independent Media in Transition and Post-conflict Societies.” *Democratization* 13, no. 4 (2006): 652 - 667.

发展。非政府组织在这一过程中也发挥着重要作用，它们借助各种媒体向大众传播公民权利、健康等方面的信息。比如梅琳达·盖茨基金会极为重视媒体援助，在全球健康信息传播领域，基金会多次向BBC世界服务信托基金项目捐赠，并将相关信息纳入专业媒体培训内容。2006年，在国际艾滋病协会召开的多伦多会议上，基金会选拔出一批来自发展中国家的学者，为他们提供了总额达36.1776万美元的资助，用于支持媒体优秀访问学者计划。① 美国非政府组织的媒体援助内容非常丰富多样，它们不仅关注媒体自身的发展，也通过议程设定方式在农业、卫生、教育等领域帮助独立媒体的发展，这都有利于美国全球影响力的扩展。随着独立媒体自由度的扩大，国家政府建立主流价值观方面的话语空间可能会受到挤压，国家政府对国内社会意识形态话语权的控制也可能被弱化。② 通过媒体援助的方式，非政府组织提供了专业技能培训，并设定了本国所关注的焦点议题。正是以这样一种更为隐蔽和悄无声息的方式，一些西方国家成功地构建了全球新的话语体系，实现了本国价值观的传播，这种方式使非政府组织在推动媒体发展和传播西方价值观方面发挥了关键作用。

（三）“颜色革命”的重要推手

西方非政府组织是本国利益的坚定维护者，它们基于本国利益在国外开展援助活动，一旦与自己利益不符，便会通过抹黑、打压他国来维护本国

① A. Nelson, "Experimentation and Evolution in Private US Funding of Media Development." Center for International Media Assistance, a Project of the National Endowment for Democracy (2009).

② 霍淑红、张惠玲：《媒体援助、非政府组织与美国霸权的构建——对美国私人基金会媒体援助的实践考察》，《上海师范大学学报（哲学社会科学版）》2017年第2期。

的利益。伦敦大学名誉教授维克托·布尔默-托马斯(Victor Bulmer-Thomas)指出,非政府组织是美国扩张的主要工具之一。[①] 在非政府组织的长期对外援助中,西方发达国家发现非政府组织在改变受援国的政治制度方面具有无可比拟的优势,加之非政府组织具有隐蔽性高、渗透力强、成本低等特点,其逐渐成为西方国家"颜色革命"的重要推手,它们通常在本国政府的推动下在全球各地开展破坏性的活动,以达到"颜色革命"的目的。美国多次利用国际非政府组织来推行自己的民主价值观,在全世界各地发动"颜色革命"。比如,格鲁吉亚的"玫瑰革命"、乌克兰的"橙色革命"、吉尔吉斯斯坦的"郁金香革命",无不与一些国际非政府组织以及美国幕后操控有关。通过各种方式来输出美国的价值观念,对别国实施政治渗透,近年来更是以"推广民主"为噱头,鼓动有关国家大众开展街头抗争的方式来达到最终推翻政权的目的。[②] 还有一些美国非政府组织凭借美国政府提供的资金、技术支持,利用网络、报刊、广播等现代传媒工具,每年都要发布"世界各国新闻自由度调查报告",抨击非西方国家制度,宣扬西方民主制度,操控舆论走向。此外,一些非政府组织还通过提供资金、信息、技术援助来扶持当地独立媒体,并与其展开呼应合作,或"无中生有",或"移花接木",或"捕风捉影"制造虚假信息,煽动不明真相的群众与政府对抗,瓦解政府领导人统治的合法性,左右势态和时局。[③]

---

① V. Bulmer-Thomas, *Empire in Retreat: The Past, Present, and Future of the United States* (New Haven: Yale University Press, 2018).

② 刘小燕、王洁:《政府对外传播中的"NGO"力量及其利用——基于西方国家借 NGO 对发展中国家渗透的考察》,《新闻大学》2009 年第 1 期。

③ 李海、金源云:《非政府组织参与美国民主输出战略的方式及特点透视》,《辽宁省社会主义学院学报》2016 年第 3 期。

（四）本国形象的塑造者

非政府组织在海外项目中扮演着重要的角色，他们通过经济援助等方式体现责任担当并塑造本国形象。西方国家认为非政府组织在国际影响力以及话语权建构上具有重要作用，其涉及广泛的领域，如环境保护、教育、卫生、减贫等，可以在建构本国形象上起到事半功倍的效果。非政府组织在海外项目中，一直向其他国家和大众传播和塑造本国形象，如日本的“无偿援助资金合作项目”，就是深入落后国家或动荡地区开展难民救助、环境重建、卫生保障和可持续发展等工作，进而间接帮助日本树立了“和平、民主、亲善”的国家形象，赢得了国际社会的尊重。[①] 非政府组织通过“润物细无声”的方式来传播本国文化和塑造国家形象，能够深入人心并建立良好的国家形象，相比其他大肆宣传的方式更为有效，是本国形象的重要塑造者之一。

---

① 王蕾：《非政府组织在公共外交中的作用》，《长春理工大学学报(社会科学版)》2014年第9期。

第六章
中国社会组织反贫困合作中话语传播的机制与路径

2021年10月，民政部发布了《"十四五"社会组织发展规划》，提出要"稳妥实施社会组织'走出去'，有序开展境外合作，增强我国社会组织参与全球治理能力，提高中华文化影响力和中国'软实力'"，这是中国首次将社会组织参与海外事务纳入国家的顶层规划中，并强调中国社会组织参与反贫困国际合作已经成为国家的重要发展战略。为了更有效地分享中国的反贫困经验和传播中国的减贫方案，我们需要建立起社会组织国际反贫困和话语传播的机制，制定系统化的传播策略，以实现"以话语带减贫，以传播促发展"，为全球减贫事业贡献中国力量，提升中国在国际社会中的话语权。

第一节　中国社会组织反贫困国际话语传播的机制

当前,国际局势和舆论环境正在发生着深刻的变革,这给中国社会组织在海外的传播活动带来了空前的挑战。在这样的背景下,国家需要从战略角度出发,制定有利于社会组织国际化和话语传播的各项机制;同时,社会组织本身也需要不断完善各项传播机制,以更有效地推动其在国际社会中的话语传播,加强中国在国际舞台上的话语权。

一、国家层面反贫困国际话语传播机制的建构

国家是国际话语传播的设计者和制定者,社会组织的对外话语传播是国家战略传播中不可或缺的一部分。国家应从战略角度出发,精心设计社会组织的话语传播体制机制,并通过制定相应的法律法规来确保其有效实施。此外,为了促进中国社会组织在国际话语传播中的协同合作,国家还应全面规划相关的管理机制和协调合作机制,这将有助于营造一个社会组织国际化及话语传播的国内外环境,提升中国在全球范围内的影响力和话语权。

(一)建构社会组织话语传播的制度机制

中国的话语体系与西方在历史背景、知识体系和文化传统等方面有着

显著的区别，这使得中国的话语体系在国际社会中难以得到广泛的解读、阐释和传播。因此，在建构社会组织传播的机制时，应从全局性、长远性的角度出发，结合当前的国际话语权格局和国际舆论的复杂性，进行有针对性的制度设计。

第一，制定明确的社会组织国际化的战略规划。国家应充分认识到社会组织在对外关系与对外传播中的重要作用，并从国家战略的角度规划社会组织"走出去"的策略与路径。可采取多样化的手段支持和鼓励社会组织走出国门，如支持中国社会组织申请和获得联合国经济社会理事会社会组织咨商地位，从宏观上要对社会组织的国际化工作予以指导和支持①，这包括制定明确的政策导向，提供必要的资金支持，以及建立高效的协调机制，确保社会组织在国际化进程中能够有序、高效地推进各项工作。

第二，制定社会组织海外援助的相关法律制度。目前我国尚未出台针对社会组织"走出去"的法律法规，这使得社会组织在开展海外活动时经常面临无法可依的局面，国家应尽快出台相关的法律法规，明确社会组织海外活动的合法地位和相关事宜，保证其运行的合法性。

第三，完善社会组织国际化的管理制度。针对海外社会组织多头管理的问题，我们亟须建立一个统一、高效的协调机构，这个机构将负责统筹和协调各社会组织的国际化战略工作，确保资源的合理分配和有效利用，避免重复劳动和资源浪费。同时，为了打破社会组织国际化进程中的制度性障碍，我们需要构建一套系统化、规范化的管理制度，这套制度应明确社会组织国际化的目标、原则、路径和保障措施，为社会组织提供清晰、明确的指导

① 刘锋：《中国社会组织国际化现状、困境及策略》，《理论视野》2019 年第 2 期。

和支持。此外，也要加强各部门的分工合作，各部门应明确各自在社会组织国际化过程中的职责和角色，做到既有分工又有合作，共同推动社会组织的国际化进程。

第四，加强社会组织国际化能力建设制度。为推动更多社会组织走出国门并提升其在国际事务中的能力，国家应加强社会组织国际化能力建设。最近几年，民政部已经开展了一系列的能力培训建设以提高中国社会组织的国际化能力。例如，2022 年 9 月，民政部社会组织管理局举办国际性社会团体法规政策及“走出去”能力建设培训班，培训围绕国际性社会团体“走出去”工作专题及国际性社会团体内部治理和登记管理政策专题进行辅导，并就国际性社会团体获得联合国咨商地位、参与国际标准制定、建立全球合作伙伴等话题进行交流，为中国社会组织走出去储备相关知识。未来，还需从战略高度出发，定期组织类似培训，助力更多有潜力的社会组织在国家战略布局下顺利“出海”，并在国际舞台上不断提升自身实力。

（二）建立社会组织国际化的资金支持机制

资金是社会组织“走出去”开展反贫困国际合作的最重要资源，也是当前中国社会组织“走出去”面临的最大难题。充足的资金是社会组织海外开展反贫困国际合作和话语传播的重要保证和前提条件，为了支持社会组织在国际上开展反贫困合作，中国政府需要建立一套有效的资金支持机制。第一，要从立法上保证社会组织有稳定的援助资金。政府可以通过立法规定每年度的对外援助资金比例，为社会组织提供稳定的资金来源。第二，要建立健全资金发放与监管制度。政府可以设立专门的资金发放部门，负责向社会组织发放资金，并对资金的使用情况进行监督管理，这既可以保证资金的有效使用和透明度,避免资金的滥用和浪费,社会组织的管理部门也可以对资金的使用情况进行监督,确保资金的合理分配和使用效果。第三,除了政府的支持外,社会组织还可以利用企业捐赠、个人捐款、基金会支持等多种途径筹措资金,社会力量的参与不仅可以为社会组织增加资金来源,也可以提高社会组织的公信力和影响力。第四,中国社会组织还可以通过与国际组织和其他国家的社会组织合作,如申请联合国项目资助、与其他国家的社会组织建立合作伙伴关系等,为社会组织提供资金支持。

(三)构建社会组织话语传播的境内外合作机制

大多数非政府组织没有充足的资金去开展全球性的传播活动,因此建立内外合作高效运行的传播机制就显得极为必要。可采取如下措施:

第一,加强政府的引导与支持。政府要有意识、创造机会推动中国社会组织参与各项国际活动,同时利用各种机会推动社会组织与各国政府、社会组织及联合国等国际组织开展接触和合作,扩大社会组织参与国际事务的积极性与可能性,让世界更多地听到来自中国民间的声音。这不仅可以增强我国社会组织在国际事务中的活跃度,还能让世界更多地听到来自中国民间的声音。

第二,与国际组织建立正式的联络机制。为确保在对外援助等全球性议题中发挥积极作用,中国的社会组织应主动寻求与国际组织的正式联系,并努力将自己纳入对外援助的部际协调机制中,这样的联络机制不仅能提升社会组织的国际影响力,还有助于更好地整合全球资源,实现共赢发展。同时,为实现信息流通与资源共享,社会组织与国际组织之间还应建立起完善的信息共享机制,通过这一机制,各方可以及时了解彼此的工作动态、项目进展和资源需求，从而在更广泛的范围内实现资源的优化配置和高效利用。此外，中国社会组织要加强与国际组织的沟通与合作，学习借鉴国际先进的经验和做法，提升自身的专业化、国际化水平。

第三，加强与海外中资企业的合作。海外的中资企业与社会组织之间存在互利共赢的关系，这些企业可以为社会组织提供资金来源，而社会组织则可以帮助企业解决在海外运营中遇到的各种问题，确保其海外项目的顺利进行。同时，社会组织也可以利用其资源和优势，协助中资企业在海外开展各种公益活动，扩大中国企业与中国文化的影响力，鼓励企业更多地去履行社会责任，从而提升企业在海外的品牌形象。

第四，建立与国内社会组织的协调沟通机制。走出去的社会组织也需要积极地与国内社会组织建立起良好的沟通协调机制，建立与其他社会组织之间的分工协作机制，这样既可以更好地促进有潜力的社会组织走向国际，也能够各司其职、分工合作地推动社会组织完成境内外的各项任务。

第五，与受援国本土社会组织建立合作伙伴关系。一方面，本土社会组织对当地环境、文化和需求有着深入的了解，通过与他们的合作，可以充分利用他们的资源和网络以保证项目的顺利实施，同时，还能够确保项目更加贴近当地实际，提高援助的有效性。另一方面，与本土社会组织的参与也有助于我们克服文化差异和语言障碍，可以共同制定项目计划和实施方案，明确合作意向和分工，确保项目的高效推进。

（四）营造社会组织海外援助的国内舆论机制

随着中国经济的迅速崛起，对外援助逐渐成为国家履行国际责任的重要方式。然而，部分民众对于每年大量的对外援助资金存在质疑和不理解，导致社会组织在海外援助中面临舆论压力和资金困境。因此,我们也需要营造更加有利于社会组织海外援助的国内外舆论环境。首先,要加强现代慈善意识教育。政府和社会各界应加大对现代慈善意识的宣传力度,鼓励大众关注全球贫困问题,理解对外援助的重要性,通过举办讲座、展览、研讨会等活动,普及慈善知识,增强大众的慈善意识,开阔大众的国际视野。其次,要加强对海外援助的宣传引导。政府应利用媒体资源,加大对海外援助项目的宣传力度,展示中国社会组织在海外援助中的成果和贡献;同时,要加强对海外援助项目的监督和评估,确保资金的有效使用,提高国内大众对海外援助的信任和支持。最后,将公共外交教育纳入国民教育体系。从小培养孩子的公共外交意识和全局观,使他们能够理解并支持国家的对外援助政策,同时通过广泛开展公共外交教育和培训,形成全民参与公共外交的大格局。

(五)创建减贫经验的国际传播机制

传播机制是一个涉及多个要素和环节的复杂系统,这些要素和环节需要按照一定的规律和逻辑进行组合和连接,以确保传播过程的顺畅运作,并达到预期的最佳效果。中国可以利用在减贫领域所取得的显著成果建立起一套有效的国际传播机制,推动中国的社会组织更加积极地“走出去”,增加中国在国际舞台上的声音并增强自己的存在感。

第一,建立政府间的合作机制。可以通过与其他国家政府建立合作关系,共同推动减贫经验的传播、交流和知识共享,这主要包括与其他国家或地区签订合作协议、开展合作项目、互派代表团等形式。

第二,建立国际组织合作机制。社会组织要加强与联合国、世界银行等国际组织的合作,共同推动全球减贫事业的发展,通过与这些组织建立合作伙伴关系,参与其扶贫项目,分享中国的减贫经验和实践案例,可以扩大中国在国际减贫领域的影响力。

第三,建立媒体宣传机制。政府要有意识地利用各种媒体平台,如电视、广播、报纸、杂志、网络等,加强对中国减贫经验的宣传报道和推广活动,通过制作纪录片、专题报道、广告投放等形式,向国际社会传递中国减贫的声音和故事,提高国际社会对中国减贫成果的认知和了解。

第四,建立学术交流机制。加强与国际学术界的交流和合作,推动中国减贫经验在学术界的传播,通过举办国际研讨会、发表论文、参与国际研究项目等形式,与国际同行分享中国的减贫理论和实践,增强中国减贫经验在国际学术界的影响力。

第五,建立民间交流机制。鼓励和支持中国民间组织与国际非政府组织、社会团体等的交流与合作,通过组织民间代表团互访、开展志愿者项目、建设友好城市等形式,推动中国减贫经验在民间层面的传播和认同,增强中国民间组织在国际减贫领域的影响力。

二、社会组织层面反贫困国际话语传播机制的建构

从社会组织自身来说,既要对国际化的目标和宗旨有清晰的认识,也需要建构起一套完整的传播机制,以更好地实现社会组织的话语传播。

(一)建立高效的社会组织管理机制

社会组织既需要在国家的监督管理制度下开展工作,也需要根据组织

内部的实际情况,建立有关的管理制度。

第一,日常管理制度。从日常行政事务到项目操作都需要规范化,项目的开展要有足够的透明度,要及时向社会公布项目的进展及经费使用情况,这不仅可以提升组织的公信力,更能吸引更多的资金支持。

第二,人才管理制度。人才管理制度是社会组织高效运行和持续发展的关键,为了确保组织的专业性和稳定性,我们需要从两个方面来完善这一制度。一方面,对于组织内的员工,我们要实施有效的管理策略。对于新入职的员工,无论是其专业背景、工作经历还是个人成果,都应接受全面的评估,以确保他们与组织的使命和价值观相符。在员工正式上岗前,我们还将为他们提供一系列的培训课程,旨在强化他们的专业技能和团队协作能力。另一方面,社会组织要加大力度培养具备全球视野的国际化人才,比如可以考虑扩大国际关系、传播学等相关专业的招生规模,有针对性地培养未来的国际化人才。海外的社会组织也可以利用其资源和网络,吸引更多的国际专业人才,为中国社会组织的国际化发展提供有力的人才保障。除此之外,为了确保所有成员在海外活动中能够充分展现组织的专业性和价值观,我们还需要定期对组织内部成员进行思想观念、行为方式以及传播能力等多方面的培训和管理,这是支撑社会组织在海外顺利、高效开展工作的基础。

第三,项目管理制度。从项目选题、设计到实施和评估,每一个环节都需要严格的管理流程。在项目启动前,社会组织应深入了解受援国及其大众的实际需求和特点,进行全面的项目评估,同时要确保项目得到受援助国政府、地方政府、本土社会组织以及普通大众的理解和支持,这是项目成功的关键。此外,项目在实施过程中应定期进行评估和总结,以便及时调整策略,确保项目的质量和进度。

(二) 打造立体化的合作传播机制

社会组织要想实现减贫话语的国际传播，单单依靠社会组织自身的力量是很难完成这一目标的，因此建构一个立体化的传播机制就极为必要。

从内部传播的角度看，非政府组织应整合所有部门资源，确保媒体部门在归口统筹下的高效工作，其他部门则需要协同配合。这就对社会组织的传播提出了较高的要求，要统一宣传口径、流程顺畅，以及自媒体矩阵的融合创新，要结合网站、纸质媒体和社交媒体的各自特点，打通各种传播渠道，确保同一内容能够实现多元化利用和一体化运作，从而使传播效果达到最大化。

从外部传播的角度看，非政府组织应积极寻求广泛的合作伙伴。第一，寻求其他 NGO、专家学者、行业领袖、媒体和企业等的帮助，借助于这些“外脑、外媒、外嘴”的专业知识和广泛网络来不断提升自己的软实力。第二，社会组织可以借助受援国政府、本土社会组织和媒体的力量，分享和传播文化和减贫经验。国际援助方认为发展中国家非政府组织比政府在执行援助中更有灵活性，工作效率更高，而且还可以起到促进分权、减少腐败、促进基层的政治参与等作用。[①] 因此，国际非政府组织在经济援助中更加强调发挥本土非政府组织的作用，甚至直接向它们提供援助资金。[②] 第三，社会组织还应学习和借鉴发达国家的社会组织在对外传播方面的成功经验，善于利用跨国企业、留学生和华人等资源，形成包括海外企业、国内外公众在内的多

① J. Gideon, “The Politics of Social Service Provision Through NGOs: A Study of Latin America,” *Bulletin of Latin American Research* 17, no. 3(1998): 303 - 321.

② 王杰等：《全球治理中的国际非政府组织》，北京大学出版社，2004，第 160 页。

个传播群体，构建一个宽渠道、多层次的文化传播格局。[①] 第四，要拓展合作伙伴网络，积极与国内外媒体、研究机构和其他社会组织建立合作伙伴关系，共同推进各种传播活动，实现资源共享和互利共赢。第五，利用多元化的传播渠道，如传统媒体、社交媒体和短视频等，制定有针对性的传播策略，以覆盖更广泛的受众，内容的策划和制作也应与合作伙伴共同完成，确保信息的准确性、一致性和吸引力。

（三）培育媒介素养养成机制

培育媒介素养养成机制对于社会组织来说至关重要。媒介素养是指“获取、分析、评价和传播各种形式的信息的能力”[②]，是衡量社会组织综合实力的重要标准。培养媒介素养养成机制具体如下：

第一，强化社会组织的媒介参与意识，促使其养成良好的媒介使用习惯，并不断提高自身的信息处理能力。社会组织应该将发布日常信息和重点动态视为重要任务，利用各种新媒体平台及时更新内容，让公众了解其最新发展动态与成果，这不仅可以增强公众对项目的了解，吸引更多捐赠，还可以在国内营造良好的国际援助舆论氛围，并加强公众对社会组织的监督。一旦社会组织形成了良好的媒介素养，其日常工作动态都可以成为传播的有力工具，大幅度提升传播效率。

第二，社会组织要与所在地的媒体维持良好的合作关系，以确保项目活动能够通过这些媒体得到广泛传播。社会组织应结合实际情况，充分利用

① 张琦：《“一带一路”背景下我国对外文化传播力的提升路径》，《人民论坛·学术前沿》2019 年第 24 期。

② 张开：《媒介素养概论》，中国传媒大学出版社，2006，第 37 页。

网站、公众号、视频号等多种信息传播途径，也可以根据不同受援国的实际情况，使用当地的新媒体进行传播。在海外开展反贫困活动时，社会组织还应抓住时机制造“声势”，根据不同国家和地区的受众特点，采用个性化的传播方式，以吸引更多人了解中国文化和传播中国减贫经验。

第三，社会组织应当制定媒介素养培训计划，定期为组织成员提供相关的媒介素养培训，锻炼组织成员的媒介意识，提高组织成员的媒介素养，从组织内部形成一个人人关心组织媒介形象的良好氛围，从而使组织成员认识到人人都可以是传播的主体，人人都负有组织媒介传播的使命。[①]

（四）建立多层次传播评估及监测机制

建立多层次传播评估及监测机制是确保社会组织在海外反贫困活动中取得有效传播效果的关键。具体而言，我们可以从以下两个方面完善相关机制：

第一，为了确保话语传播的效果，我们需要建立一个综合的评估与反馈机制。话语的传播过程涉及话语的产生、传播、成效反馈等一系列环节[②]，我们应构建一个既包括传播前评估又包括传播后评价的效果评价体系。在传播前，社会组织需要从两个角度进行评估：首先，要深入了解受援国大众对中国的整体印象和接受程度，从价值观念、思维方式和利益诉求等方面进行综合考量，以确保我们的减贫传播目标与该国的实际情况相符；其次，要提前预测传播过程中可能出现的各种情况，并制定相应的应对策略，以确保在出现问题时能够及时调整策略。在话语传播后，我们需要对传播的效果进

---

① 梁芷铭：《非政府组织媒介素养形成机制初探》，《东南传播》2012 年第 12 期。

② 李镇宏：《国际传播视角下中国国际话语权的构建》，《绵阳师范学院学报》2019 年第 6 期。

行全面分析，评估是否达到了最初的目标，同时也要对传播过程中的不足之处及时进行反思。

第二，为了适应国际形势的快速变化，可以构建一个动态、灵活的对外话语传播监测机制。在当前的国际环境中，社会组织在海外开展反贫困项目和传播活动时可能会面临各种不可预见的情况，这可能导致项目的中断或传播活动受阻。通过动态的话语监测机制，可以随时了解项目开展和话语传播的实际情况，包括时机是否合适、环境是否发生变化等，从而根据实际情况及时调整策略，这将确保传播活动始终与外部环境保持同步，最大限度地提高传播效果。

第二节　中国社会组织反贫困国际话语传播的路径

全球贫困治理是中国最有成效、最有发言权的领域之一，社会组织可通过参与反贫困国际合作与话语传播来分享中国减贫经验，参与全球贫困治理，进而获得更多的国际话语权。中国社会组织反贫困经验传播需要因地制宜、因国施策，对不同国家要采取不同的传播方式，要深入研究其文化环境与文化背景，针对各国的传统习惯，抓住不同受众的文化心理，提供符合当地人需求的文化服务，要把文化传播与交流合作作为传播而非传统的宣传来创新内容与形式。① 作为减贫国际话语传播的主体之一，社会组织需要

① 席明：《"一带一路"背景下中国文化对外传播研究》，《山西高等学校社会科学学报》2019 年第 5 期。

充分了解和把握受众的差异,不断完善和创新传播内容。下面我们将从传播主体、传播内容、传播受众、传播模式、传播渠道等方面建构社会组织对外话语传播的路径。

一、加强传播主体多能力建设

中国减贫实践的伟大成就使世界对中国有了全新的认识,我们可借此契机整合各类资源,利用社会组织的天然传播使命感,加强社会组织的能力建设,使其更好地承担起援助者和传播者的角色。

(一)提高传播主体自觉

传播主体作为能动的控制者,其自觉意识的提高对整个传播过程起着至关重要的作用。社会组织作为中国对外话语传播的主体之一,不仅要意识到自己是国家形象的重要代表,更是国家形象的积极策划者和践行者。"把每一个组织成员都看成信息传播的主体,把人的活动作为信息传播的媒介,也是组织形象建构的过程。"①在这方面,我们可以从美国非政府组织的传播实践中得到启发。印度学者艾伦·希拉瓦斯特瓦(Arun Shrivastava)在《NGO与颜色革命》一书中指出,美国政府支持NGO在人道主义救援、公共卫生、基础教育、自然保护等项目中有意识地纳入美国政治理念和价值,国际非政府组织通过海外合作来传播本国价值观、理念已成为一种共识。在这个过程中,社会组织成员需要认识到传播是其工作的重要组成部分,他们

① 魏猛:《突发事件中非政府组织的舆论活动研究》,博士学位论文,华中科技大学,2014。

不仅要了解传播的重要性，还要善于传播。作为海外项目的主要执行者，组织成员需要增强自身的自觉传播意识，明确达成传播目标的相关策略，并知晓如何通过媒体传播推动相关议题，同时，他们也应该熟悉各种获得媒体关注的途径，以确保整个项目运行中的传播意图与组织目标一致。因此，提高传播主体的自觉性对于社会组织的话语传播将起到至关重要的作用。

（二）加强主体能力建设

社会组织的能力建设是组织走向国际化，实现对外话语传播的关键。具体可以从以下方面努力。首先，加强组织成员的综合能力建设。参与国际事务的社会组织人员不仅需要具备卓越的组织管理和统筹协调能力，还需具备高效执行国际支援活动的实践能力、精湛的专业技术能力以及跨文化交流的沟通技巧。这些能力的提升应成为组织持续发展的重点，通过定期组织培训、鼓励成员自主学习及提供实践机会等方式，确保每个成员都能够适应国际化的工作环境，为组织的国际化战略贡献力量。其次，提升社会组织的舆论引导能力。在信息化时代，舆论的影响力不容忽视。社会组织应积极拓宽信息传播渠道，通过举办国际会议、利用网络平台和社交媒体进行宣传、开展公益讲座、制作宣传材料等多种方式，构建一个多元化、立体化的传播体系。同时，要注重信息的准确性和时效性，确保所传递的信息能够真实反映组织的理念和成果，增强组织的公信力和影响力。此外，设立海外办事处和开展海外项目是提升社会组织能力的重要途径，通过设立海外办事处，可以更好地了解当地文化和需求，为开展针对性的项目提供支持。

（三）加强传播人才建设

在国际话语传播中，人才是社会组织最关键、最活跃的载体和力量。为了满足对外传播的需求，社会组织急需培养一批具备高度国际传播意识和能力的人才。第一，培养国际化、专业化的复合型人才，他们不仅要全面掌握专业知识和技能，还要具备全球视野和跨文化沟通能力。第二，培养跨文化沟通人才，由于世界各国在语言文化形态上存在很大差异，海外社会组织成员需要结合不同项目、地区和受众，全面了解当地的文化、风俗和大众需求，进而成为开展有效传播的“活载体”。他们需要具备较强的移情能力、应变能力和平等意识，善于与不同文化背景的人合作。第三，要培养擅长使用自媒体的人才，可设立自媒体专员或兼职人员，能够利用各种机会宣传组织活动。第四，在基础教育阶段培养国际化人才，从基础教育阶段开始，注重培养孩子的“国际视野”，优化基础教育的目标和内容，为社会组织的国际化发展提供良好的舆论环境和人才基础。第五，引进和培育为我所用的国际型人才，在海外运行过程中，中国社会组织可以引进和培育具有国际文化传播经验的高端社会组织传播人才。

二、丰富传播内容多样化体系

从发展传播学的角度看，中国减贫事业国际传播的根本动力和落脚点，是通过与其他国家的交流互鉴、经验分享及情感共融，推动构建人类命运共同体，实现全球经济、社会的可持续发展。① 为了实现这一目标，我们需要转变话语传播理念，关注“说什么”和“如何说”这两个问题。

---

① 姬德强、朱泓宇、吴琼静：《平台思维、故事架构与话语创新——新媒体语境下中国减贫事业的国际传播路径》，《国际传播》2020 年第 6 期。

（一）转变话语传播理念

第一，由中国话语系统向受援国话语系统的转变。要善于将中国话语转化为传播对象国话语，要根据不同的民族、国家的特点及不同的语言风格、利益诉求等进行角色的互换和传播方式的改变，需要通过本土化传播来满足不同国家和地区公众的需求，做到“入乡随俗”。① 第二，由宏大叙事向“小而真”的话语方式转变。要从小处入手，用便于国际传播和理解的语言讲述一个个鲜活生动的脱贫故事，以激发国外人士的情感共鸣，缩短彼此心灵间的距离，增进其对中国扶贫理念和价值观等宏观政策的理解。② 第三，由“传者本位”向“受者本位”思维转换。③ 传统传播强调“我要讲什么”“我要观众听什么”，当前的国际传播更强调要想引起国际受众的注意与共鸣，选择使用国际受众可以听得懂的语言来讲述他们愿意听的故事，因地制宜地传播相关内容，这将极大提高话语传播的有效性和针对性。

（二）丰富话语传播内容

话语内容是国际话语权的关键要素，为了提升国际话语权地位，我们必须以高质量的话语内容为支撑。具体如下：

第一，搭建多层次的减贫对外话语传播的内容体系。在减贫理念方面，我们要强调中国在脱贫攻坚实践中充分发挥了政府、企业、非政府组织和大众等多元主体的能动性，在完成自身脱贫任务的同时，建构起了双赢、多赢、共赢的减贫新理念，积极参与全球贫困治理，推动构建人类命运共同体的全

① 杨荣国：《“一带一路”公共外交战略研究》，博士学位论文，兰州大学，2017。
② 贺文萍：《中国精准扶贫故事的国际传播》，《对外传播》2020 年第 5 期。
③ 祁芝红、李智：《中国国际传播话语体系建构的实践困境刍议》，《对外传播》2021 年第 6 期。

球视野。在减贫理论方面,可将几十年中国的减贫实践总结和梳理成系统化的理论知识体系供全球参考和学习。在减贫模式方面,在几十年的减贫实践中,中国已形成了针对不同地区、不同环境的多元减贫模式,虽然这些模式具有地方性特点,不能完全复制,但不同国家完全可以因地制宜地选择一些可以为其所用的模式和做法用于本国的减贫实践。在传播主体方面,可建构起多元化的叙事主体,围绕贫困户、普通个体、乡村干部、地方政府、扶贫社会组织、国家宏观政策制定者等多元的叙事主体制作相关传播内容。通过专访、跟踪拍摄等方式,制作成视频、文字等素材,在社会组织的海内外社交平台进行广泛传播,这种深入底层、一线的传播方式比起传统的官方宏大叙事、政府报道更能够得到国内外大众的青睐。

第二,拓宽减贫议题广度。改变传统由官方发布的自上而下的传播思维,将国外大众关注的生态、教育、妇女儿童、科技文化、产业发展等作为重点内容展开传播,还可以通过访谈或跟踪拍摄的方式展示中国的电商扶贫、非遗扶贫等具有中国特色的内容。

第三,设置国际化减贫议题。在推广中国减贫经验和方案的过程中,我们需要将中国减贫议题与国际议题进行同构,在一些传统的议题上,可以使用国际通用的语言进行系统化的阐述,如可持续发展、妇女儿童权利保障、环境保护等,并且利用国际共通话语对外传播,这既可以化解因与他国叙事逻辑、媒介框架形成对立而容易被误读的局面,又可准备全面地展现中国脱贫攻坚全貌,使脱贫攻坚叙事更易被国际传播场域接受。①

① 栾轶玫:《新时代中国国家叙事脱贫攻坚的对外传播》,《编辑之友》2020 年第 9 期。

（三）善用国际话语传播系统

中国的话语体系在叙事风格、叙事模式上与国际的话语体系存在较大的差异，为了在国际社会中拥有更多的话语权，我们需要全面、深入、系统地剖析和了解西方的话语体系，构建一套国际社会能够接受的成熟话语体系，从而增强减贫话语的国际传播效果。一方面，我们需要建立具有中国特色的、符合中国利益的话语体系，这是我们开展国际话语传播的前提条件，要确保我们的话语体系能够真实、准确地反映中国的实际情况和价值观；另一方面，我们要善于利用国际通用的语言来传播中国的价值观及反贫困理念，如可以使用人权、民主、法治、平等、自由等核心概念，这些概念在国际社会中被广泛接受且更容易理解。通过运用这些国际通用的语言，可以提高中国话语的可理解性和可接受度，使其更易于被国际社会所接受和理解。

三、瞄准多层次受众精准传播

话语对象，作为信息传播的受众，不是简单地被动接收信息的机器，而是有选择性地接收和理解信息。鉴于世界各国在地理、政治、经济、历史、文化和宗教等领域存在差异，社会组织在开展国际反贫困话语传播时，必须根据不同地区和人群的特点实施精准传播。“所谓精准传播，就是在恰当的时间，将恰当的产品，以恰当的方式，推送给恰当的受众，产生与预期一致或大体一致的效果。”①

---

① 李晓明、周芳、崔可宁：《中央企业提升国际传播“五力”的思考》，《石油化工管理干部学院学报》2022 年第 1 期。

(一) 明晰传播对象的差异性

民心相通体现在文化和价值观的相互理解和交融中。中国的社会组织需要深入了解各国的文化环境,特别是地缘政治、文化传统、宗教习俗和风俗习惯等差异,应根据不同国家的国情和人群特点,分享我国的减贫经验。正如有学者指出,要针对每个对象国,开展深入的调查研究,实施"一国一策",制定具有适用性的国际传播方案。① 社会组织要借助反贫困国际合作的机会,通过在受援国的项目有针对性地开展相关传播工作。一方面,要针对不同的国家和民族,在充分了解他们的思维方式、行为特点、心理期许后设计出差异化、个性化的传播策略。例如,针对与中国自然地理环境相似的地区,可以介绍我们类似地区采用的扶贫方法;针对类似的产业,可以分享我们在产业扶贫方面的举措;针对某一特殊的贫困群体,我们也可以分享我们针对这部分群体的帮扶措施;针对政府官员,可以使用扶贫的政治话语体系,多介绍我们的扶贫政策及中国参与全球贫困治理的决心和人类关怀;对于网民、新媒体用户等,可以使用多样、灵活、"小而美"的中国故事来传播中国扶贫故事。总之,在传播过程中要注意采取差异化、个性化的传播策略,注意传播内容、手段、技术、方法因人而异,因地而异。

(二) 关注传播对象的发展需要

中国社会组织在参与反贫困国际合作时,主要聚焦于发展中国家,这些国家普遍面临着经济和社会发展程度较低的现实挑战。为了更有效地助力

---

① 张富丽:《中国国际时评的兴起及其实践经验——以〈国际锐评〉为例》,《国际传播》2019 年第 4 期。

这些国家摆脱贫困,我们的社会组织必须深入钻研它们的发展需求、根本利益和核心诉求。这不仅需要我们对受援国的历史文化、社会结构、自然资源等方面有全面的了解,还需要我们与当地政府、民间组织以及普通居民进行广泛的沟通与交流。通过深入了解受援国的市场需求,制定出更加符合当地实际的经济合作项目;要注重与当地居民的互动,通过组织培训、研讨会等活动,让当地居民了解并参与到合作项目中来,确保合作项目能够真正惠及当地居民,帮助他们实现稳定脱贫和可持续发展。

(三)挖掘传播对象的再传播能力

在信息化快速发展的时代,受众既是上一轮传播的终点,又是下一轮传播的起始点。中国社会组织在反贫困话语传播的过程中,一定要充分利用和发挥好受众这一新的传播主体的“再传播潜力”。一方面,要对受众展开分析,要对那些具有较强影响力的受众进行重点传播,如受援国的政府官员、社会组织、援助对象等,充分发挥他们在项目合作中对中国形象的再传播能力。另一方面,特别要将受援国活跃度较高的公众人物作为重点传播对象,可以邀请他们参观那些已成功实现脱贫攻坚的典型地区,与实现脱贫的大众直接交流,在参观与交流中使他们充分了解中国的脱贫之路,利用他们的影响力来实现中国减贫经验的国际传播。

四、构建多方位传播模式

经过多年的减贫国际合作与话语传播的实践,国内外社会组织已经积累了丰富的经验,形成了较为成熟的传播模式。特别是近年来,随着互联网技术的迅猛发展和普及，普通公众和组织（如 NGO 或民间团体）在国际传播中扮演越来越重要的角色，呈现“全民传播”的态势。[①] 在这一背景下，社会组织作为重要的传播主体之一，亟须适应新的传播环境，打造多方位、立体化的传播模式，以更好地迈向国际化，并在全球范围内推广减贫理念和经验。

（一）合作交流模式

中国社会组织应当深化与国际组织的互动，构建国际减贫合作的新框架，充分展现我们在联合国、世界粮食计划署等国际组织中的作用。政府可以运用重要的国际会议这一平台，提升我国社会组织在国际上的曝光度和影响力，通过主动投身于国际会议、主办非政府组织研讨会以及参与联合国及其下属机构的活动，加强与各方的交流协作，推动中国扶贫经验的国际传播，借助国际组织的影响力向全球展现中国在扶贫脱贫方面的宝贵经验。

（二）多元援助模式

中国社会组织可以继续积极参与全球紧急救援行动。每当国际上有重大灾害发生，中国社会组织总是迅速响应，积极伸出援手，这不仅体现了中国政府及人民对受灾群众的深切同情与坚定支持，更是一个展现中国负责任大国形象的重要时刻。此外，发展援助也是我国社会组织深化国际合作的重要途径，社会组织以其灵活性和非官方的特质高效地开展包括基础设

① 李智、刘萌雪：《新媒体时代国际传播的社会化转型》，《对外传播》2019 年第 12 期。

施建设、农业能力提升、农业知识传播以及金融贷款服务等发展援助项目，并可以针对不同的人群设计并执行特定的援助项目，使受援国不同民众群体都能够从中受益。

（三）国际会议模式

国际会议模式在中国社会组织参与全球反贫困斗争中起到了关键作用。首先，中国社会组织可以参与这类会议，加强与不同国家和社会组织之间的沟通交流，通过在会上发言、讨论、播放宣传片等各种方式向各国与会代表介绍中国的减贫经验；同时，参与国际组织建设也是中国社会组织提高国际话语权的重要途径。其次，主办国际性论坛和会议是中国社会组织向全球推广减贫经验的重要手段，如先后成功举办了 10 届全球性“减贫与发展高层论坛”和 4 届“中国扶贫国际论坛”，这是国际减贫交流合作的重要平台。最后，通过参与和主办国际会议和论坛，建立与各国政府、国际组织和非政府组织的合作伙伴关系，开展经验交流与学习，这些合作伙伴关系可以为未来的交流合作开辟新的途径，促进中国与其他国家在反贫困领域的经验共享和合作。

（四）扶贫援外培训模式

中国国际减贫中心是中国政府与联合国开发计划署等国际组织联合发起并成立的国际性发展援助机构，采取包括理论讲解、经验介绍、案例分析、实地考察和参与式讨论等方式，不仅增强了学员对中国扶贫开发工作的感性认识，还加深了他们对中国减贫经验的理解。此外，培训还注重提升学员的理论水平和政策设计能力，通过系统的理论讲解和案例分析，学员们可以掌握减贫政策制定和实施的基本原理和方法，这为他们日后为自己的国家设计减贫方案提供了重要的基础。

五、融合多路径传播渠道

在全球多元传播主体共存的背景下，非政府组织可以充分利用互联网、新媒体等技术赋权，提升媒介化水平，逐步成为一支比拟媒体机构、影响舆论方向的现实力量。[①] 在信息化及网络化迅速发展的时代，信息传播突破了传统的单向线性传播方式，出现了多向性、多维度的交互传播的"复媒体环境"[②]，在这种结构下，各种平台都有其独特性和"再媒介化"的可能性，现在的受众不再是单纯的信息接收者，他们同样可以成为信息的发布者，特别是随着互联网的普及，个人作为信息传播者的能力已经被极大地放大。对于非政府组织来说，网络的发展为它们提供了丰富、及时、准确的信息资源，获取信息的方式变得更为多元化、高速化和精准化。在新媒体时代，这些媒体新平台环境共同决定了中国减贫事业的国际传播需要改变大众传播时代的一些固有逻辑[③]，对于那些走出国门的国际社会组织来说，它们不仅要充分发挥自己作为传播主体的作用，适应这个新时代的发展，不断探索新的传播渠道，同时还要继续利用传统传播渠道的优势，并充分利用信息化时代的新技术来增强自己的传播能力，确保自己能够在国际舞台上

① 张超义：《全球多元主体传播格局下非政府组织的话语建构》，《青年记者》2022 年第 10 期。

② 杨直凡、胡树祥：《网络思想政治教育的互动过程及其本质特征》，《思想教育研究》2010 年第 3 期。

③ 姬德强、朱泓宇、吴琼静：《平台思维、故事架构与话语创新——新媒体语境下中国减贫事业的国际传播路径》，《国际传播》2020 年第 6 期。

充分发挥话语传播者的力量。

（一）建构多元传播渠道

建构多元化的传播渠道对于当代中国价值观念的国际传播至关重要。第一，应充分利用传统媒体。在亚非拉等一些发展中国家，由于经济、基础设施和信息化程度的限制，传统媒体仍是其民众接收信息的重要平台，要根据实际情况和受众特点而合理选择传播媒介。第二，要善于利用新媒体技术。要借助各类社交媒体展开传播，如在国际知名网络社交平台发布减贫的相关信息，通过网络电台、微博、网络论坛、网络电视台、APP 新闻终端、广播电视等网络新媒体的建设，推动形成视听互动、资源共享、多语集合、形态融合的国际话语传播格局，将中国的反贫困经验、文化和价值观进行有效传播。第三，积极开展自媒体建设。社会组织要设专人、专岗从事自媒体的相关工作，以扩大组织的影响力，更好地传递中国的声音和价值观。

（二）整合多元媒体资源

首先，强化新旧媒体之间的融合。媒体是传播信息必不可少的工具，当前我们应该充分利用互联网技术来推动传统媒体与新兴媒体的深度融合，将各自的优势进行整合和叠加。非政府组织必须利用社交媒体提供的新技术形式和内容资源来创造和扩展自身的话语机会①，同时也可以借助传统媒体的权威性和可信度来开展国际传播，增强信息的影响力。其次，加强官方媒体与民间媒体之间的协同互补。应综合运用官方媒体和民间媒体的优

① 黄典林：《社交媒体与中国草根慈善组织的合法化传播策略——以“大爱清尘”为例》，《国际新闻界》2017 年第 6 期。

势,协调二者共同为中国对外话语传播作出更大的贡献,扩大信息的传播范围,提高信息传播的接受度。最后,加强国内媒体与国际媒体之间的合作。中国社会组织在海外开展活动时,必须善于利用国内和国际媒体来更好地进行话语传播,在与国外媒体的长期合作中,可以通过合资、收购、兼并等方式实现媒体本土化,提高中国声音在国际舞台上的影响力和话语权。

(三)利用新媒体传播技术

随着新技术的迅速发展,擅长利用新媒体传播技术在对外传播中显得尤为重要。我们必须密切关注信息技术的前沿动态,并灵活运用各类新媒体技术,以构建全息化、全景式的对外传播平台。据国际电信联盟统计数据,2019—2021 年,非洲的互联网使用率增长了 23%;截至 2021 年 10 月,非洲整体网民数量超过 5.8 亿,互联网普及率达到 33%,非洲成为世界互联网及移动用户增长最快的地区之一。[①] 为了适应这一趋势,平台功能要全面高效,要及时利用信息技术的便捷性把中国丰富的文化艺术和独特的文化资源迅速传递到终端受众,建立开放的新媒体传播平台,围绕中国文化主题创制有中国文化独特魅力的内容板块,为不同受众的历史文化资源提供更多的选择,讲好中国故事、提升中国形象,传播中国的减贫经验与减贫方案。[②] 同时,要充分利用 AI 技术的新发展为对外话语传播助力,借助 AI 算法,深入分析受众需求,优化内容推荐,实现更精准的传播。此外,可以充分利用 AI 的图像处理和视频生成技术,制作出更具吸引力和创意的多媒体内容,

① 吕华、谢拙政:《5W 传播模式下中华优秀传统文化非洲传播路径研究》,《新闻研究导刊》2022 年第 15 期。

② 张琦:《“一带一路”背景下我国对外文化传播力的提升路径》,《人民论坛·学术前沿》2019 年第 24 期。

展示中国的文化艺术和独特资源。运用新技术也可以更好地了解受众需求,及时调整传播策略,提高传播效果,加强与国际社会的合作和交流,增强中国的软实力和国际影响力,为国际社会提供更多有关中国发展的全面信息,促进相互了解和合作。

结语

经过几代人的不懈努力，中国终于在2020年完成了脱贫攻坚战的艰巨任务，形成了人类在贫困治理道路上独具特色的“中国方案”，谱写了人类反贫困历史上的崭新篇章。中国的减贫成就不仅使全体中国人民共享了改革发展的成果，而且对推动世界减贫进程、完善全球减贫治理、促进国际人权进步和丰富国际反贫困理论有着重要的理论与现实意义。[①] 习近平指出："中国将始终做全球发展的贡献者，坚持走共同发展道路，继续奉行互利共赢的开放战略，将自身发展经验和机遇同世界各国分享，欢迎各国搭乘中国发展‘顺风车’，一起来实现共同发展。"[②]在当今世界贫困频发、全球发展失衡的大的历史背景下，中国在减贫实践中的成果在人类发展史上都具有重要的意义，也彰显了中国人民与全世界各族人民共同面对人类困境的诚心、决心和信心。“每个国家在谋求自身发展的同时，要积极促进其他各国共同发展，只有各国共同发展了，世界才能更好发展。世界长期发展不可能建立

① 张琦、孔梅：《理解中国减贫的世界意义 讲好中国减贫经验和故事》，《对外传播》2020年第5期。

② 中共中央文献研究室：《十八大以来重要文献选编（中）》，中央文献出版社，2016，第698页。

在一批国家越来越富裕而另一批国家却长期贫穷落后的基础之上。”①共同享受发展成果应成为全球性的共识。在推进全球贫困治理和减贫经验国际化的道路上，中国始终坚持不忘初心、砥砺前行，积极与其他国家开展合作，不遗余力地为欠发达国家提供人力、物力、财力和技术上的支持，为全球贫困治理与世界减贫事业贡献着自己的力量。

中国社会组织在全球反贫困国际合作中扮演着重要角色。中国社会组织通过参与全球反贫困国际合作，以“参与中促传播，传播中促发展”的方式将中国的减贫经验传播到世界各地，帮助更多发展中国家摆脱贫困，提升全球贫困治理水平。未来，借助“一带一路”等国际合作平台，中国社会组织将更广泛地参与国际减贫事业，为全球贡献更加多元化、多层次、多维度的贫困治理方案。

中国社会组织是反贫困话语传播的重要主体，中国减贫经验的国际传播，可以更好地推动社会组织的国际化，提升社会组织的反贫困国际参与意愿、国际合作能力以及责任感，推动建立开放包容、合作共享的新型国际减贫交流机制。正如习近平总书记在 2021 年 5 月 31 日中共中央政治局就加强我国国际传播能力建设进行第三十次集体学习时的讲话所强调的：“讲好中国故事，传播好中国声音，展示真实、立体、全面的中国，是加强我国国际传播能力建设的重要任务。要深刻认识新形势下加强和改进国际传播工作的重要性和必要性，下大气力加强国际传播能力建设，形成同我国综合国力和国际地位相匹配的国际话语权，为我国改革发展稳定营造有利外部舆论

① 习近平：《顺应时代前进潮流 促进世界和平发展——在莫斯科国际关系学院的演讲》，《人民日报》2013 年 3 月 24 日。

环境,为推动构建人类命运共同体作出积极贡献。”在新的历史起点上,中国社会组织在减贫经验的国际传播上,在争取中国的国际话语权、塑造中国国家形象上必将继续担负起重要的职责,为实现百年中国梦、构建人类命运共同体发挥其应有的作用。

参考文献

一、专著

[1] 刘鸿武，黄梅波，等. 中国对外援助与国际责任的战略研究[M]. 北京：中国社会科学出版社，2013.

[2] 邓国胜，等. 中国民间组织国际化的战略与路径[M]. 北京：中国社会科学出版社，2013.

[3] 段鹏. 国家形象建构中的传播策略[M]. 北京：中国传媒大学出版社，2007.

[4] 黄晓勇，蔡礼强，何辉. 社会组织蓝皮书：中国社会组织报告(2019)[M]. 北京：社会科学文献出版社，2019.

[5] 谢静. 组织传播学[M]. 上海：复旦大学出版社，2014.

[6] 乐施会. 扶贫毅行：乐施会在中国内地二十年[M]. 北京：知识产权出版社，2011.

[7] 黄承伟. 中国扶贫行动[M]. 北京：五洲传播出版社，2015.

[8] 韩俊魁，等. 境外在华 NGO：与开放的中国同行[M]. 北京：社会科

学文献出版社，2011.

[9] 向德平，黄承伟. 中国反贫困发展报告(2014)：社会扶贫专题[M]. 武汉：华中科技大学出版社，2014.

[10] 孙英春. 跨文化传播学导论[M]. 北京：北京大学出版社，2008.

[11] 范丽珠. 全球化下的社会变迁与非政府组织 NGO[M]. 上海：上海人民出版社，2003.

[12] 董强，李小云. 民间组织参与国际发展：欧洲与中国[M]. 北京：社会科学文献出版社，2020.

[13] 王名,等. 中国社会组织：1978～2018[M]. 北京：社会科学文献出版社，2018.

[14] 张桂珍，等. 中国对外传播[M]. 北京：中国传媒大学出版社，2006.

[15] 孙永福. 中外民间组织交流与合作[M]. 北京：中国对外经济贸易出版社，2001.

[16] 徐莹. 当代国际政治中的非政府组织[M]. 北京：当代世界出版社，2006.

[17] 郭庆光. 传播学教程[M]. 2 版. 北京：中国人民大学出版社，2011.

[18] 程曼丽. 国际传播学教程[M]. 北京：北京大学出版社，2006.

[19] 孙庚. 传播学概论[M]. 北京：中国人民大学出版社，2010.

[20] 刘贞晔. 国际政治领域中的非政府组织：一种互动关系的分析[M]. 天津：天津人民出版社，2005.

[21] 陈松川. 中国对外援助政策取向研究：1950—2010[M]. 北京：清华大学出版社，2017.

[22] 李小云，王妍蕾，唐丽霞. 国际发展援助：援助有效性和全球发展框架

[M]. 北京：世界知识出版社，2015.
[23] 吴友富. 中国国家形象的塑造和传播[M]. 上海：复旦大学出版社，2009.
[24] 赵黎青. 非政府组织与可持续发展[M]. 北京：经济科学出版社，1998.
[25] 中共中央文献研究室. 十八大以来重要文献选编[M]. 北京：中央文献出版社，2016.
[26] 中华人民共和国国务院新闻办公室. 中国的对外援助[M]. 北京：人民出版社,2011.
[27] 凯瑟琳·米勒. 组织传播[M]. 袁军,等译. 北京：华夏出版社，2000.
[28] 杨丽. 中国社会组织参与“一带一路”建设研究[M]. 北京：中国法制出版社，2021.
[29] 康晓光. NGO 扶贫行为研究[M]. 北京：中国经济出版社，2001.
[30] 中共中央文献研究室. 习近平关于社会主义文化建设论述摘编[M]. 北京：中央文献出版社，2017.
[31] 左常升. 国际发展援助理论与实践[M]. 北京：社会科学文献出版社，2015.
[32] 吕晓莉，等. 中国民间外交的基层力量：中国社会组织在民间外交中的作用研究[M]. 北京：中国政法大学出版社，2014.
[33] 王名. 社会组织论纲[M]. 北京：社会科学文献出版社，2013.
[34] 周弘. 对外援助与国际关系[M]. 北京：中国社会科学出版社，2002.
[35] 林毅夫，王燕. 超越发展援助：在一个多极世界中重构发展合作新理念[M]. 宋琛,译. 北京：北京大学出版社，2016.

[36] 霍淑红. 国际非政府组织(INGOs)的角色分析：全球化时代 INGOs 在国际机制发展中的作用[M]. 北京：中央编译出版社，2011.

[37] 张永蓬. 国际发展合作与非洲[M]. 北京：社会科学文献出版社，2012.

[38] 黄浩明. 国际民间组织合作实务和管理[M]. 北京：对外经济贸易大学出版社，2000.

[39] 周弘，张浚，张敏. 外援在中国[M]. 2 版. 北京：社会科学文献出版社，2013.

[40] 达雅·屠苏. 国际传播：延续与变革[M]. 董关鹏,译. 北京：新华出版社，2004.

[41] 左常升. 国际减贫理论与前沿问题 2014[M]. 北京：中国农业出版社，2014.

[42] 湖南省行政管理学会. 中国特色行政体制研究[M]. 长沙：湖南人民出版社，2013.

[43] 王杰. 全球治理中的国际非政府组织[M]. 北京：北京大学出版社，2004.

[44] 郭学理,等. “一带一路”共同体中的非政府组织：助推·桥梁·民通[M]. 西安：陕西师范大学出版总社，2018.

[45] 胡河宁. 组织传播学：结构与关系的象征性互动[M]. 北京：北京大学出版社，2010.

[46] 高波. 政府传播论：社会核心信息体系与改革开放新路径[M]. 北京：中国传媒大学出版社，2008.

[47] 埃里克·M. 艾森伯格，小 H. L. 古多尔. 组织传播：平衡创造性和

约束[M]. 白春生,等译. 北京: 北京广播学院出版社, 2004.

二、期刊论文

[1] 马庆钰, 徐月宾. 我国社会组织国际化发展的基本条件、关键问题与推进策略[J]. 人民论坛·学术前沿, 2023(14): 92-100.

[2] 姬德强, 朱泓宇, 吴琼静. 平台思维、故事架构与话语创新: 新媒体语境下中国减贫事业的国际传播路径[J]. 国际传播, 2020(6): 24-30.

[3] 卢光盛, 熊鑫. 国际减贫合作的体系变化与中国角色[J]. 云南师范大学学报(哲学社会科学版), 2020, 52(1): 118-129.

[4] 钟新. 传播信心与力量: 非政府组织参与全球治理的历史使命[J]. 对外传播, 2017(5): 10-12.

[5] 辛传海, 朱美慧, 杜晶花. 中国社会组织参与"一带一路" 建设的角色定位与实现路径[J]. 学会, 2018(10): 33-44.

[6] 唐丽霞. 新中国70年对外援助的实践与经验[J]. 人民论坛·学术前沿, 2020(3): 72-79.

[7] 张超义. 全球多元主体传播格局下非政府组织的话语建构[J]. 青年记者, 2022(10): 58-60.

[8] 张新平, 成向东. 新时代"中国减贫方案" 的世界意义[J]. 甘肃社会科学, 2020(6): 71-78.

[9] 栾轶玫. 新时代中国国家叙事脱贫攻坚的对外传播[J]. 编辑之友, 2020(9): 5-14.

[10] 姬德强. 中国扶贫对外传播的话语、媒介与策略[J]. 对外传播, 2020

(3)：8－10.

[11] 戴锋宁. 非政府组织在美国对外战略中的作用浅析[J]. 中国人民大学学报，2020，34(4)：113－124.

[12] 郑嘉伟，王红续. 中国贫困治理经验的国际化总结与对外传播[J]. 内蒙古师范大学学报(哲学社会科学版)，2020，49(4)：61－70.

[13] 章兴鸣，陈佳利. 社会组织"走出去"参与全球治理研究[J]. 广西社会科学，2019(1)：51－57.

[14] 邵鹏，陶陶. 新世界主义图景下的国际话语权：话语体系框架下中国国际传播的路径研究[J]. 新疆师范大学学报(哲学社会科学版)，2018，39(2)：105－110.

[15] 艾莎，李骅，方珂. 全球发展与非政府组织的作用：国际经验及其讨论[J]. 山东社会科学，2018(1)：111－117.

[16] 史安斌，张耀钟. 新中国形象的再建构：70 年对外传播理论和实践的创新路径[J]. 全球传媒学刊，2019，6(2)：26－38.

[17] 梁晓敏. 知识分享是全球贫困治理的重要内容：中国减贫经验的"国际化"之道[J]. 可持续发展经济导刊，2020(6)：36－38.

[18] 宋奇，李智. 人类命运共同体视域下社会组织的国际公共传播研究[J]. 现代传播(中国传媒大学学报)，2022，44(12)：56－64.

[19] 康晓丽. 中国涉外民间组织参与全球治理的战略与机制研究[J]. 太平洋学报，2020，28(12)：16－29.

[20] 颜克高. 中国社会组织参与对外援助 70 年：经验、问题与展望[J]. 国外社会科学，2021(1)：31－43.

[21] 赵佳佳，韩广富. 中国社会组织"走出去"扶贫问题探析：以社会组织

在非洲的扶贫活动为例[J]. 贵州师范大学学报(社会科学版)，2016(4)：34－42.

[22] 黄浩明. 社会组织的国际化运作和专业化程度不断提升[J]. 中国民政,2022(13)：39.

[23] 安姗姗，蓝煜昕. 国际发展援助中非政府组织如何协同建构国家软实力：来自发达国家的经验[J]. 国外社会科学，2019(5)：68－76.